国家社会科学基金青年项目(15CJY061)部分研究成果

浙江省软科学重点研究项目(2020C25019)部分研究成果

浙江省属高校基本业务费专项(重点培育项目)部分研究成果

农村电商产业集群驱动区域经济发展:协同效应及机制

梅 燕 蒋雨清 著

ZHEJIANG UNIVERSITY PRESS
浙江大学出版社

图书在版编目(CIP)数据

农村电商产业集群驱动区域经济发展:协同效应及机制 / 梅燕,蒋雨清著. —杭州:浙江大学出版社, 2020.9
ISBN 978-7-308-20597-9

Ⅰ.①农… Ⅱ.①梅… ②蒋… Ⅲ.①农村—电子商务—产业集群—关系—农村经济发展—协调发展—研究—中国 Ⅳ.①F724.6 ②F323

中国版本图书馆 CIP 数据核字(2020)第 176526 号

农村电商产业集群驱动区域经济发展:协同效应及机制
梅 燕 蒋雨清 著

责任编辑	石国华
责任校对	高士吟 汪 潇
封面设计	周 灵
出版发行	浙江大学出版社
	(杭州市天目山路 148 号 邮政编码 310007)
	(网址:http://www.zjupress.com)
排 版	杭州星云光电图文制作有限公司
印 刷	广东虎彩云印刷有限公司绍兴分公司
开 本	710mm×1000mm 1/16
印 张	10.75
字 数	200 千
版 印 次	2020 年 9 月第 1 版 2020 年 9 月第 1 次印刷
书 号	ISBN 978-7-308-20597-9
定 价	48.00 元

浙江大学出版社市场运营中心联系方式:0571-88925591;http://zjdxcbs.tmall.com

前　言

　　2019 年 6 月国务院印发的《关于促进乡村产业振兴的指导意见》中明确指出："产业兴旺是乡村振兴的重要基础，是解决农村一切问题的前提。"近年来，发展农村电子商务产业既是经济欠发达地区实现增加农民收入、消除贫困的有效途径（汪向东，2016），也是引导农村供给侧结构改革、促进乡村振兴的重要力量。农村电子商务的飞速发展使得新农村、新农民、新农业模式不断涌现，催生了新的就业形态，吸收了大量农村剩余劳动力，实现了农产品上行与工业品下行，在极大程度上带动了农村一、二、三产业的发展与融合，进而促进了区域经济发展。阿里研究院和商务部（2020）发布的数据显示，2019 年我国农村网络消费额已达到 1.7 万亿元，同比增长 24%；农产品网络零售额高达 3975 亿元，同比增长 27%，并带动了贫困地区的 300 多万农民实现增收。

　　随着电子商务在中国农村地区的持续飞速发展，部分区域已经出现了淘宝村、淘宝镇、农村电子商务产业园区等典型的农村电子商务产业集群（rural e-commerce cluster）。一方面，同一个村庄、乡镇或园区聚集了大量从事电子商务的农村个体创业者或企业；另一方面，这些电子商务从业者在淘宝等电子商务平台上提供的商品或服务往往聚集在一个或几个相同或相近的产业内(Qi et al.,2019)。这种商业聚集现象带动了电子商务技术流、资金流、商流、人才流逐步向农村地区集聚,形成农村电子商务产业集聚。这在一定程度上扭转了农村资源要素向城市单向流动的局面,增强了农村地区的吸引力和发展潜力,使得农村电子商务产业的发展与区域经济发展紧密相连。

农村电子商务产业集群是当前部分农村地区电子商务发展的新形态(舒林,2018),能够对当地农村产业结构的调整、就业机会的增加、农民收入的增长等方面起到促进作用。并且各区域农村电子商务产业集群,基于自身的资源要素禀赋以及外部政策拉动效应推动农村产业不断转型与升级。一方面,农村电子商务会全面纳入和服务于乡村振兴、数字乡村的发展大局,还将会更深度地融入各地农村产业发展。这是因为农村电商来自市场前端的需求,会沿着供应链传导,不断倒逼、推动和更有力地支持农村经济的数字化转型与升级,助力乡村产业振兴(汪向东,2020)。另一方面,区域在发展农村电子商务的过程中,基于自身的资源要素禀赋以及外部政策拉动效应推动农村产业不断转型与升级(梅燕等,2020)。随着传统仅利用互联网进行交易的电子商务活动的拓展,农村区域对电子商务信息流、物流、资金流等核心要素产业的需求逐渐增加,因此驱动了当地农村电子商务产业生态系统的构建,从而更利于其他更多的主体参与到电子商务活动当中,这也是为什么在某一个淘宝村邻近的村庄更容易连片形成淘宝村(Kong,2019)、淘宝镇。同时,基于电子商务能够突破时空的限制,农村电子商务的发展使得很多区域的传统产业(包括农业和手工业、农产品加工业、其他工业等)开始直接对接更大的国内外市场需求,而国内外消费者需求的多样性能够通过电子商务系统快速精准地反馈给农村经营主体,从而促使农村电子商务配套产业的产生,形成电子商务产业集群,并驱动产业集聚现象的产生。

值得关注的是,农村电子商务在中国不同区域的发展有先有后,有快有慢,即各区域农村电子商务产业发展处于不同的阶段。一方面,有的区域已经形成了典型的电子商务产业集群,例如浙江、江苏、山东、广东等省份;另一方面,截至2019年6月的统计数据显示,中国仍然有6个省份未产生淘宝村,更未形成农村电子商务产业集群。那么,不同阶段的农村电子商务产业集群是如何驱动当地区域经济发展的? 同时,区域经济发展是否会对农村电子商务产业集聚产生一定的影响?

目前,学者们对农村电子商务产业集群在不同阶段如何驱动区域经济发展的理论机制尚不清楚,区域经济发展对农村电子商务产业集群的影响效应也有待研究,产业集群带来的集聚效应是否驱动区域经济系统发展之间存在的中间变量也需要去分析与验证。鉴于此,本书基于产业集群生命周期理论,通过宏观数据统计分析与实地调查研究,分别从理论层面探讨农村电子商务产业集群驱动区域经济协同发展机制,并从实证层面比较研究不同阶段的区域电子商务产业集聚与当地经济协同发展效应。本书的分析有助于人们更加清晰地了解农村电子商务产业集群与区域经济在不同阶段的发展特征以及两者逐步协同发展的过程,既可为其他正在发展农村电子商务的地区提供参考,也对分类推进中国不同区域农村电子商务产业持续发展具有一定现实指导意义。

本书具体结构安排如下:

首先,在回顾产业集群理论、产业集聚理论、产业生命周期理论和协同理论等相关理论的基础上,对中国农村电子商务产业集群与集聚的发展过程进行理论分析,并总结出农村电子商务产业集群驱动产业集聚形成机理及其与区域经济协同发展机制。

其次,从我国农村电子商务产业集群发展现状入手,分析我国农村电子商务产业集群与集聚的空间分布格局及其特征，并采用赫芬达尔指数（HHI）测算 2009—2019 年中国农村电子商务产业集聚水平；随后选取相关区域经济发展指标，运用空间计量模型，实证研究影响我国农村电子商务产业集聚的主要因素，并对其空间效应进行分析。

再次，分别从宏观和微观两个角度综合分析农村电子商务产业集聚与区域经济协同效应与机制：一是基于产业生命周期理论，采用耦合协调度模型，测算与比较 2009—2017 年农村电子商务处在成熟阶段的浙江省、山东省和处在不成熟阶段的安徽省等三个典型地区的农村电子商务产业集聚与区域经济的协同度；二是采用多案例研究方法，从微观视角对比探讨浙江省、山东省、安徽省、江苏省和山西省五个地区的六个农村电子商务产业集群发展的不同阶段中的产业集聚特征，及其在不同阶段的产业集聚与区域经济协同发展的演进过程机制，并验证农村电子商务产业集聚与区域经济协同发展的理论机制。

最后，在理论与实证分析结果的基础上，分别从农村电子商务产业集聚产生阶段、成长阶段和成熟阶段三个时期提出相应的政策建议。

目 录

第1章 绪 论

1.1 研究背景与问题的提出

1.1.1 农村电子商务产业发展为农民增收和农村减贫提供新思路

农村电子商务作为一种新型商务模式,既是经济欠发达地区实现增加农民收入、消除贫困的有效途径(汪向东,2016),也是引导农村供给侧结构改革、推进乡村振兴战略实施的重要力量。在 2015 年至 2020 年的中央一号文件中,都明确提出发展农村电子商务,其中 2019 年更是指出要发挥电商作用,努力实施数字乡村战略。这些宏观利好政策,不仅带动了各级政府陆续推出积极发展区域农村电子商务的相关政策,也提高了农民在农村当地利用电子商务进行自主创业的积极性。我国正掀起农村电子商务发展浪潮。阿里研究院(2020)和商务部(2020)发布的统计数据显示:2019 年我国农村网络消费额已达到 1.7 万亿元,同比增长 24%;农产品网络零售额高达 3975 亿元,同比增长 27%,带动 300 多万贫困农民增收。农村电子商务产业的发展能够为乡村振兴提供新思路。

首先,电子商务的采纳与应用能够对农户农业收入产生显著的促进作用(Luo et al.,2019),电子商务带来的产品销量和利润率的提升是构成增收效应的主要来源机制(曾亿武等,2018)。一方面,电子商务能帮助农村农产品增加销售途径(如淘宝等电子商务平台),提高农产品销量的同时农民的收入也会适当地增加,切实解决了农产品销售渠道单一的问题。另一方面,农民借助电子商务这种新型商业模式,与国内外市场有效对接,不仅扩大了市场空间,同时降低了传统交易成本,提高了利润率,进而增加收入。

其次,电子商务产业在农村区域的持续发展为解决中国农村地区的贫困问题提供了新思路。2019年6月国务院印发的《关于促进乡村产业振兴的指导意见》中明确指出:"产业兴旺是乡村振兴的重要基础,是解决农村一切问题的前提。"2020年中央一号文件中明确提出要"强化产业扶贫、就业扶贫",提高贫困人口就业能力。电子商务产业的发展为我国开展农村扶贫工作提供了新的工具与抓手,农村电商产业通过带动贫困地区经济的发展推动了贫困家庭减贫消贫(汪向东,2014;林海英,2019)。阿里研究院(2020)的数据显示:2019年全国超过800个淘宝村分布在各省级贫困县,在全国淘宝村中占比超过18.5%,比2018年增加200多个;其中63个淘宝村位于国家级贫困县,比2018年增加18个,国家级贫困县的淘宝村电商年交易额接近20亿元。

1.1.2 中国部分区域形成了典型的农村电子商务产业集群

2015年5月,随着《国务院关于大力发展电子商务加快培育经济新动力的意见》的出台,阿里巴巴、京东、苏宁等大型互联网企业纷纷布局农村,电子商务在农村的发展呈现出蓬勃发展的态势。同时,随着电子商务在中国农村地区的持续飞速发展,部分区域已经出现淘宝村、淘宝镇、农村电子商务产业园区等典型的农村电子商务产业集群。农村电子商务产业集群是指在特定的农村区域内,借助电子商务技术进行销售的农户个体或者农户企业在空间上的不断汇集,同时在政府或支持性机构的帮助下,其上下游产业链和互补产业进行衍生发展(曾亿武,2019)的商业集聚形式。一方面,同一个村庄、乡镇或园区聚集了大量从事电子商务的农村个体创业者或企业;另一方面,这些电子商务从业者在淘宝等电子商务平台上提供的商品或服务往往聚集在一个或几个相同或相近的产业内(Qi et al.,2019)。这种商业聚集现象带动了电子商务技术流、资金流、商流、人才流逐步向农村地区集聚,形成农村电子商务产业集聚。这在一定程度上扭转了农村资源要素向城市单向流动的局面,增强了农村地区的吸引力和发展潜力,使得农村电子商务产业的发展与区域经济发展紧密相连。

淘宝村作为农村电子商务产业集群的典型发展模式,村民通过淘宝网创业不仅进入门槛低(技术难度小、启动资金少),而且可以拥有淘宝网的海量用户。村民可以摆脱创业高门槛和地域的限制,淘宝网等电子商务平台也成为农民进行电子商务活动的主要阵地。2009 年,我国出现了第一个淘宝村——浙江省义乌市青岩刘村,之后淘宝村数量疯狂增长,从 2010 年 3 个、2014 年 211 个、2015 年 780 个,到 2016 年 1311 个、2017 年 2118 个、2018 年 3202 个,再到 2019 年 4310 个。2018 年我国所有淘宝村的线上交易额超过了 2200 亿元。据阿里研究院 2018 年中国淘宝村研究报告,全国淘宝村活跃网店已达 50 万家,且已覆盖全国 24 个省市[①]。根据 2018 年淘宝村所在地区的分布情况,90%以上的淘宝村分布于东部沿海城市,如浙江、广东、江苏、福建、山东等省份,淘宝村由东部发达地区向中西部地区渗透扩张将成为趋势。

---

① 根据阿里研究院最新的研究报告,2019 年全国已有 25 个省市报告了淘宝村的出现。

农村电子商务的飞速发展使得新农村、新农民、新农业模式不断涌现，催生了新就业形态，吸收了大量农村剩余劳动力，并实现了农产品上行与工业品下行，极大程度上带动了农村一、二、三产业的融合，促进了区域经济发展。已有的相关研究结论表明：产业集群能够突破单一产业或企业边界，是实现产业与区域经济协调可持续发展的重要组织模式（张洪潮，2013）。目前，农村电子商务产业集群也成为农村地区发展的新形态（舒林，2018），并且农村电子商务产业的集群会带动技术、资金、商业、人才流向农村并形成集聚，由此产生农村电子商务产业的集聚效应。这不仅促进了资源要素在农村和城市之间的双向流动，同时也能够进一步挖掘农村地区的产业发展潜力，为区域经济发展提供新思路（王小兵等，2018）。

1.1.3 农村电子商务产业集群发展存在较显著的不均衡特征

值得关注的是，我国各区域农村电子商务发展在时空维度上存在数量和质量不均衡的现象。首先，农村电子商务发展阶段呈现出不均衡的特征。如浙江、江苏、广东地区农村电子商务发展较早，目前已形成较为成熟的产业集群格局；而中西部地区如安徽、河南、四川、山西等省的农村电子商务则起步较晚，目前还处在产业集群形成阶段。其次，在数量上，农村电子商务区域分布空间格局呈现出地域梯度和连片化等不均衡分布特征。例如东部地区江苏、浙江、广东、福建等省的农村电子商务产业集群分布密度较高。那么，这种区域不均衡现象产生的原因有哪些？当前农村电子商务产业集群为什么会出现这样的空间分布特征？不同区域的农村电子商务产业集群形成的产业集聚效应是否不同？农村电子商务产业集聚是否与区域经济发展之间具有协同关系？如果有，它又是如何驱动当地区域经济协同发展，是否存在一定的规律与特征？本书将针对这些问题进行具体分析与探究。

1.2　研究目的和意义

1.2.1　研究目的

在上述研究背景下,本书基于相关理论以及国内外已有的文献研究,对农村电子商务产业集群现状与集聚现象、农村电子商务产业集聚与区域经济发展之间的协同机制及效应等问题进行研究,试图实现以下研究目的。

第一,从理论层面揭示农村电子商务产业集群、产业集聚现象的形成机理,以及农村电子商务产业集群驱动区域经济协同发展的机制,以增进对农村电子商务的发展促进当地产业集聚产生这一新现象的认知,了解农村电子商务产业集群、产业集聚与区域经济发展之间的关系。

第二,通过实证分析来了解农村电子商务产业集群的时空分布特征,找出农村电子商务产业集群形成的主要影响因素,以解释农村电子商务产业集群空间分布不均衡的主要原因。

第三,通过比较分析不同区域的农村电子商务产业集聚与当地区域经济协同发展的过程,以及其不同阶段的发展规律与特征,来探究农村电子商务产业集聚与区域经济发展过程中的协同机制的效应,从而深入了解两者之间协同发展的机制。

1.2.2　研究意义

1.2.2.1　理论研究意义

在理论研究层面,本书拓展了农村电子商务研究领域的部分内容。以不同区域农村电子商务产业集群为研究对象,探究其形成机理、空间分布特征及成因,在此基础上,重点剖析农村电子商务产业集群驱动产业集聚的理论机制,并探究其与区域经济协同发展的机制。目前学术界对农村电子商务产业集聚与区域经济协同发展的研究尚不多见,已经成形的理论知识不多。本书通过文献阅读和实地调研,将理论分析与实证研究相结合,从宏观和微观两个视角对农村电子商务产业集聚的产生机制、特征及发展规律进行系统研究,能够更全面清晰地了解农村电子商务产业集聚形成的影响因素。同时,运用产业集群生命周期理论与协同理论,构建不同阶段农村电子商务产业集聚与区域经济协同发展机制,为之后的实证分析奠定理论基础。因此,本书的研究既具有积极的文献价值,也具有一定的理论意义,在一定程度上对本领域的相关理论研究也具有边际贡献。

1.2.2.2 现实应用意义

在现实应用层面,本书提供了不同区域农村电子商务发展的案例样本。选取浙江省、山东省、江苏省、安徽省和山西省不同的区域作为研究样本,分别从宏观和微观两个视角,采取空间计量分析、协同效应测算模型分析以及案例分析研究方法来探究农村电子商务产业集聚与区域经济之间协同发展机制及其效应,具有一定的现实应用意义。从个体收益角度来看,农村电子商务产业集聚的发展增加了农户的收入,提高农户生活水平;从整体发展角度来看,借助电子商务技术倒逼农村当地产业升级,通过农户、企业和政府等相关主体的协同合作,来构建一个可持续发展的农村电子商务生态系统,从而达到与区域经济之间的协同发展的目标(曾亿武,2019)。首先,本书对农村电子商务产业集聚空间分布特征进行分析,并对其空间效应进行测算,充分解释其出现这种分布特征的原因;其次,本书对样本地区农村电子商务产业集聚与区域经济之间的协同度进行测算,并通过案例分析,对样本地区的发展历程进行经验总结;最后,归纳总结出两者在不同阶段的发展过程和特征,以此对其他地区发展农村电子商务提供经验借鉴。因此,本书具有一定的借鉴意义和现实意义。

1.3 研究内容

围绕上述研究目的,本书将重点研究以下五个方面的内容。

第一,借助产业集群生命周期等相关理论,以及对产业集群和农村电子商务等相关文献的研究,对农村电子商务产业集群的发展过程及其带来的产业集聚现象进行分析,并从理论层面总结出农村电子商务产业集聚形成的机制以及其与区域经济协同发展的机制,以构建农村电子商务产业集群驱动区域经济发展的理论机制。

第二,从全国农村电子商务产业集群发展现状入手,分析我国农村电子商务产业集群的空间分布及其特征,并测算农村电子商务产业集聚水平;随后选取相关区域经济发展指标,运用空间计量模型,对影响我国农村电子商务产业集聚空间分布特征的因素进行测算,并对其空间效应进行分析。

第三,从农村电子商务产业集群现象所带来的农村电子商务产业集聚效应入手,借鉴耦合协调度模型,通过测算与比较 2009—2017 年浙江省、山东省和安徽省三个地区的农村电子商务产业集聚与区域经济的协同度,从整体上把握农村电子商务发展趋势,从宏观实证层面验证农村电子商务产业集聚与区域经济协同发展机制。

第四,依据产业集群生命周期理论,通过实地调研,采取多案例研究的方法,从微观视角对比探讨浙江省、山东省、安徽省、江苏省和山西省五个地区的农村电子商务产业集群发展不同阶段的产业集聚特征,以及在不同阶段的农村电子商务产业集聚与区域经济协同发展的演进过程。

第五,通过上述从宏观和微观视角的探究,结合定性与定量分析,总结并验证农村电子商务产业集聚与区域经济协同发展机制。并依据得出的结论对不同生命周期阶段的区域农村电子商务的发展提出相应的建议,为其他发展地区提供经验借鉴。

1.4 研究方法和技术路线

1.4.1 研究方法

根据本书的研究目的与研究内容,拟采用农村经济发展理论、产业经济理论、协同发展理论、定量模型与定性分析相结合等分析方法作为主导分析方法,并形成涉及经济学、管理学、社会学等多门学科的系统分析方法。在这个架构的分析体系下,基于协同学的分析方法是最基础的分析方法,它揭示电子商务发展范式下的区域经济系统之间的协同发展关系,并把这种关系置于更大的农村经济系统背景下,揭示涉农电子商务产业集群驱动农村区域经济协同发展的前向后向关联性,从而完成理论机制的构建。在实证分析中,将定量分析和定性分析相结合,运用计量模型分析方法,揭示当前具有不同区域特征的农村电子商务产业集群驱动产业集聚形成的主要原因,并把握这一关系演进的规律和趋势。采用多案例分析方法,对微观样本进行比较分析来验证课题组对研究对象的理论假设,为政府制定政策确定方向、目标和基本内容,从而完成研究目标。研究方法的选取遵循"问题导向"的原则,选择最适合研究主题的方法(李志刚,2012)。本书根据核心章节的具体主题和研究需要,综合运用了理论分析法、计量分析法和案例研究法等研究方法。

1.4.1.1　理论分析法

理论分析方法是指在已有的相关权威理论基础上,通过提出假说或进行推理等方法来进行研究的一种过程。本书运用理论分析法来对农村电子商务产业集群与区域经济之间的协同关系进行探讨。本书在理论分析的过程中,先后涉及产业集群理论、产业集聚理论、产业集群生命周期理论和协同发展理论,并在此基础上分析了农村电子商务产业集群带来产业集聚的机制,并探讨了农村电子商务产业集群在不同阶段的集聚与区域经济协同发展的机制。

1.4.1.2　计量分析法

经济计量分析是在已有的经济理论的基础上,通过构建数学模型来研究分析经济问题,是在经济学领域经常运用的一种分析方法。本书一方面选择空间计量模型来测算农村电子商务产业集聚的空间效应,另一方面采用耦合协调度模型来测算农村电子商务产业集聚与区域经济之间的协同发展程度。

1.4.1.3　案例研究法

案例研究法是指在其独特的逻辑框架下,选取一个或多个样本,通过实地调研,观察样本行为,收集数据或通过研究文件资料,从而探讨某一现象在实际生活环境下的状况。本书选择多案例研究方法(Yin,2019),利用实地调研访谈资料和数据对比分析典型区域农村电子商务产业集聚与区域经济协同发展的过程及其特征,并总结出一般发展规律。

1.4.2　技术路线图

本书从农村电子商务产业集群现象所带来的农村电子商务产业集聚效应入手,探究农村电子商务产业集群驱动集聚形成的机制,及其与区域经济协同发展的机制。首先,从整体角度分析我国农村电子商务产业集聚的空间格局分布,采用空间计量模型实证研究影响其空间格局分布的主要因素;其次,借鉴耦合协调度模型,测算2009—2017年农村电子商务产业集聚与区域经济的协同度;最后,通过微观样本多案例分析,具体剖析农村电子商务产业集聚与区域经济协同发展的过程与特征。本研究的技术路线如图1-1所示。

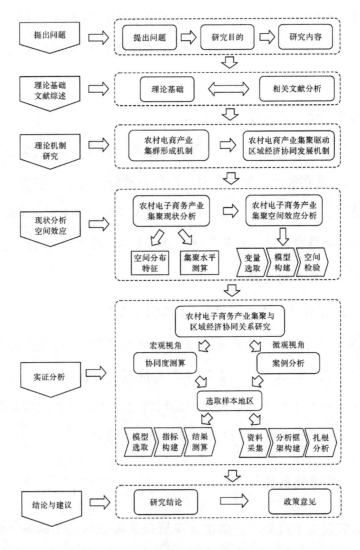

图 1-1　本研究的技术路线

1.5　本研究的概念界定

1.5.1　农村电子商务产业集群

波特(1990)首先提出产业集群的概念,产业集群是在特定行业中,同时具有竞争与合作关系,且在地理上集中,有交互关联性的企业、专业化供应商、服务供应商、相关产业的厂商以及相关机构所组成的具有一定竞争力的经济体。参考上述关于产业集群的定义,本书将农村电子商务产业集群定义为在特定的农村地区,具有一定相关性的电子商务产业和服务机构集中在一起,依靠第三方电子商务平台的支持,将传统的农业产业与创新的销售模式、企业组织形式相结合,形成依靠电子商务产业链接而成的企业群体。

与传统产业集群不同,本书研究的农村电子商务产业集群是在农村地区,参与主体是农民群体,其以互联网平台为发展核心,融合实体经济与虚拟经济,依靠互联网对传统农业产业进行升级转型,更具有创新性和灵活性。

1.5.2　淘宝村及淘宝村集群

"淘宝村"一词最早出现于 2009 年媒体关于江苏省徐州市睢宁县沙集镇东风村的报道,它指的是大量网商聚集在农村,以淘宝为主要交易平台,形成规模效应和协同效应的电子商务生态现象。占地最广、人口最多的农村与电子商务结合,产生了巨大的核聚变反应,淘宝村应运而生。

为与学者们的研究保持一致,本书采用阿里研究院(2013)对淘宝村的定义和认定标准。①淘宝村是大量网商聚集在某个村落，以淘宝为主要交易平台，以淘宝电商生态系统为依托，形成规模和协同效应的网络商业群聚现象。②淘宝村的认定标准包括三个方面：一为交易场所标准（经营场所在农村地区，以行政村为单元）；二为交易规模标准（电子商务年交易额达到1000万元以上）；三为网商规模标准（本村活跃网店数量达到100家以上或活跃网店数量达到当地家庭户数的10%以上）。淘宝镇是指一个乡镇或街道的淘宝村大于或等于3个，或者在阿里平台，一个乡镇一年的电商销售额超过3000万元、活跃网店超过300个，不局限于是否有淘宝村。

淘宝村形成后得到政府的有序引导和支持发展，由于地理上的邻近效应，淘宝村的形成效应向周边村镇扩散，产业空间的规模化建设与配套设施全面扩张，部分区域形成淘宝村集群。本书采用阿里研究院（2015）给出的定义，将淘宝村集群界定为"10个或10个以上的淘宝村连片发展，网商、协会、服务商、政府等主体密切联系、相互作用，电子商务交易额达到或超过1亿元"。从淘宝村的数量规模来分，淘宝村集群指县级单位内，淘宝村数量大于等于10个；大型淘宝村集群指淘宝村数量大于等于30个；超大型淘宝村集群指淘宝村数量大于等于100个。

1.5.3 农村电子商务产业集聚

产业集聚问题的研究产生于19世纪末，马歇尔在1890年就开始关注产业集聚这一经济现象，它是指同一产业在某个特定地理区域内高度集中，产业资本要素在空间范围内不断汇聚的一个过程。参考产业集聚的概念，本书将农村电子商务产业集聚定义为：在特定的区域内，大量与农产品相关的企业和部门，以电子商务的模式开展商业活动，并且与传统的农业产业相结合，不断汇聚的过程。农村电子商务集聚群体主要是通过第三方线上平台来开展销售,从某种意义上来分析是虚拟经济与实体经济的有机结合。其在进行实际产品销售的过程中,主要是利用互联网平台对农村特色商品进行转型与创新(张琴,2020)。

如果从农村产业集群与集聚的关系来看,本书研究的农村电子商务产业集聚是指农村电子商务产业集群所产生的外部经济效应促使区域内相关产业聚集的一种现象(Alexander et al.,2013)。这种新型的农村产业商业模式,是一种基于电子商务的销售与组织模式,在其区域内形成了供销一体化的农村产业链,具有一定的创新性和积极性。本书在第 4 章会具体探究农村电子商务产业集群与产业集聚之间的关系。

1.5.4　产业集群与产业集聚之间的联系与区别

早在一个世纪前,韦伯在《工业区位论》中就开始使用聚集(agglomeration)的概念。产业集聚(industrial agglomeration)是产业发展演化过程中的一种地缘现象,指由一定数量的企业共同组成的产业在空间上的集中分布现象。其优点是可以共享基础设施,带来规模经济效益。产业集聚主要是研究产业的空间分布形态,特别注重产业从分散到集中的空间转变过程,是经济地理学的研究重点。产业集聚可以分为同一类型和不同类型两种产业的集聚。产业集聚与产业集群关系密切,但是两者又有区别。产业集群是相关产业的多个企业围绕一种产业(专业化部门)的集聚,而产业集聚可以使不同产业的企业简单集中;产业集群注重的是不同企业之间的产业关联性,产业集聚并不要求企业间一定要具有产业关联性;产业的空间集聚可以形成产业集群,但是并不是所有的产业集聚都可以形成产业集群。

由此,本书认为产业集群的重点在于不同产业之间的相互配合,分工协作;产业集聚则强调同一产业内各企业的集聚。产业集群是一种状态,产业集聚是一个动态的过程。本书所研究的农村电子商务产业集聚是农村电子商务产业集群所产生的外部经济效应促使农村区域内相关产业集聚的一种现象。农村电子商务在各个地区的发展阶段不同，有的地方已经形成了产业集群，有的地方还在产业集聚的形成过程中，因此本书研究的产业集群驱动区域经济协同发展是指不同区域的农村电子商务发展阶段所形成的产业集聚与区域经济协同发展的过程。

1.6　本书的创新之处

1.6.1　研究视角的创新

本书从产业集群生命周期的研究视角，研究农村电子商务产业集群驱动区域经济协同发展的机制与效应。现阶段，关于我国农村电子商务的研究较为丰富，但是大多数集中在农村电子商务发展现状与模式、存在的困难与问题等方面。在研究产业集群与区域经济协同发展上，大多数文献主要集中在金融产业、物流产业集群等方面，鲜见实证探讨具体的农村电子商务产业集群与区域经济发展之间的关系，且农村电子商务产业集群与区域经济的关系分析也多数集中在定性分析上。本书一方面厘清农村电子商务产业集群的发展历程及其驱动产业集聚形成的理论机制；另一方面，在此基础上测算了省级、市级、县级三个视域的农村电子商务产业的集聚水平，并借鉴耦合协调度模型，分别对浙江省、山东省、安徽省等三个处在不同发展阶段的农村电子商务产业集聚与区域经济之间的协同度进行测算，从宏观角度进一步测算了农村电子商务产业集聚与区域经济协同发展的程度，同时采用多案例研究方法从微观角度剖析了两者之间的协同发展机制。与同类研究相比,本书的研究视角有一定的创新。

1.6.2 研究方法的创新

一方面,与以往相关研究相比较,本书采用空间计量模型实证研究农村电子商务产业集聚的影响因素。现有对于我国农村电子商务产业集聚的影响因素的研究,大多数从地理角度对其空间分布格局进行分析,主要是以简单的定性分析为主。而本书分别从定性和定量两个角度出发,首先对我国农村电子商务产业集聚的空间分布特征进行现状分析,其次选用空间计量法对农村电子商务产业集聚的影响因素进行实证分析,从而更加清晰地了解不同因素对于农村电子商务产业集聚的影响效应。

另一方面,本书采用多案例分析方法比较研究农村产业集聚与区域经济协同发展的过程与特征。在农村电子商务案例分析方面,大部分研究文献主要是采用单案例研究对某一个地区进行分析,多案例研究文献相对较少。而本书选择浙江省、江苏省、山东省、安徽省和山西省五个省份的六个县域地区进行研究,分别对处于已经发展成熟、正在成长和刚起步三种状态的区域进行比较分析,能够更清晰地了解农村电子商务产业集聚与区域经济在不同生命周期阶段的协同发展特征。

综上所述,本书基于产业集群生命周期理论,分别从宏观和微观两个视角探讨我国农村电子商务产业集群驱动区域经济协同发展的机制与效应,不仅能够对已有的农村电子商务理论研究进行一定程度的补充,同时也能为中国其他正处在相似或不同发展阶段的农村区域电子商务的持续发展提供一定的实践经验参考和政策启示。

第 2 章　理论基础与文献研究

2.1　相关理论基础

2.1.1　产业集群理论

2.1.1.1　国外关于产业集群理论的研究

产业集群现象早先出现在西方,对于产业集群的研究也源于西方。亚当·斯密最早在其《国富论》中关于分工和市场范围关系的阐述中对产业集群进行了解释,认为产业集群是由众多企业为完成某件产品的生产和销售而自动分工协作形成的群体。产业集群理论被正式提出和定义始于1990年。

迈克尔·波特首先在1990年出版的《国家竞争优势》一书中提出了"集群"(clusters)概念,集群指的是"某一特定领域内相互联系、在地理位置上集中的公司和机构的集合"。随后,在1998年发表的《产业集群与新竞争经济学》一文中,波特通过对某一国家或地区的竞争优势进行分析,正式提出产业集群这一概念。他认为产业集群是互为关联的企业或组织大量集聚于某一特定地理位置,产业集群包括某一产业链中的上、中、下游企业,以及与此相关的企业,且这种产业链的形成对于企业竞争起到关键性作用。基于此,可以理解为产业集群包括一批对竞争起重要作用的、相互联系的实体和其他组织;产业集群还经常向下延伸到销售渠道和客户,并向侧面拓展至辅助性制造商,以及与技能技术或投入相关的产业公司;许多产业集群还包括提供专业化培训、教育、信息研究和技术支持的政府和其他机构。在其后的著作《竞争论》(2003)中,波特对产业集群(industry cluster)的定义加以延伸,他认为"产业集群"是以某一个或几个相关产业为核心,以价值链为基础的地方生产系统,大量产业联系密切的企业(包含最终产品或服务厂商,专业元件、零部件、机器设备与服务供应商,金融机构及其相关产业的厂商)及相关支撑机构在空间上集聚,并形成强劲、持续的竞争优势的现象。该定义也描述了产业集群与集聚之间的关系,这也是本书研究工作的起点。

国外关于产业集群理论的研究主要分为四个学派,关于产业集群的研究也大部分建立在这四个学派的基础上。(1)马歇尔集群理论。马歇尔通过研究工业组织的集群现象,发现企业为追求外部规模经济而发生集聚现象。其将规模经济分为两种:一种是外部规模经济,在产业发展的过程中,某一区域形成了专业化的分工和产业高度的集聚;另一种是内部规模经济,指单个组织在不断发展和专业化的过程中,组织内部生产和管理效率得到提高。马歇尔认为,无法形成内部规模经济的企业通过产业集聚的方式形成外部规模经济,最终获得规模经济,所以外部规模经济是产业集群形成的最主要因素。(2)韦伯工业区位理论。韦伯(1909)将产业集聚分为两个阶段:第一个阶段,企业通过自身的规模扩张,形成一定程度的产业集聚,第二个阶段,大量大型企业集中于某一区域,并不断吸引同类企业和相关企业转移。其认为产业集聚能够在一定程度上提高企业的收入和降低企业成本。(3)科斯交易费用理论。科斯(1937)认为企业间的交易费用是由市场价格机制来进行调控,在内部则由企业内部管理所决定,但交易费用相对更低,所以其认为产业集群的产生,协调和集中了众多企业,大大降低了企业间的交易费用。(4)克鲁格曼新经济地理学理论。保罗·克鲁格曼(1999)假设制造类企业的企业成本中都包含运输成本,且这一运输成本包含有形运输成本和无形运输成本,地理空间上的产业集群则大大减少了企业间的运输成本。

2.1.1.2 国内关于产业集群理论的研究

国内关于产业集群理论的研究始于 20 世纪 80 年代,随着浙江、江苏等地产业集群的崛起,国内学者开始关注这一现象,并展开研究。国内关于产业集群理论的研究主要集中于三类:产业集群类型研究、产业集群形成机制研究、产业集群创新研究。

关于产业集群类型的研究。仇保兴(1999)按产业集群内部企业结构将产业集群分为两类:一种是企业与企业之间的联系以平等交易为主,且相互之间依赖程度较低;另一种是以少数几个大中型企业为核心,大量小企业跟随的锥形产业集群。按产业集群内部产业类型来分,可将其分为销售型产业集群、制造型产业集群、混合型产业集群。陈雪梅(2001)按照产业集群形成的方式将产业集群分为三种:由当地的地理条件、资源禀赋和特色文化所决定而形成的产业集群;由大企业扩张、分拆而形成的产业集群;有政府、民资、外资进行集中性投资而形成的产业集群。王缉慈(2001)按照产业集群所在区域特征将其分为五种:集生产加工、出口为一体的产业集群,人才和技术高度发达型产业集群,政策导向型产业集群,乡镇企业网络型产业集群,以大型企业为核心的产业集群。屠凤娜(2007)等根据产业集群内部产品价值链上不同企业之间的关系,将产业集群划分为"中小企业群生型"、"龙头企业+网络型"和"MIMO 型"等三种基本类型,并根据集群内主导产业的市场结构、主体数量、主体之间的关系等方面分析了三类产业集群各自的特征。王春等（2016）通过探讨产业集群的知识战略，将我国产业集群分为传统产业集群、组装集群、复杂产品集群和高科技集群。

关于产业集群形成机制的研究。贾根良（2001）通过对国外家具行业的发展进行研究，提出产业集群内部的不断学习和持续创新是产业集群形成竞争力的关键之处。徐康宁（2001）认为中国式产业集群的形成与其开放程度有着内在的逻辑关系，并提出了产业内资本较快的集中、市场充分的供给与当地的制度鼓励是产业集群形成的关键三要素。许小桦（2019）等表示产业集群形成的内部优势（区域资源禀赋、产业链迁回、龙头企业推动等）与外部力量（市场催生、政策拉动、传统社会环境影响等）对产业集群的形成机制都有重要影响。林金忠（2001）提出产业集群形成过程中企业间的关系：由不同行业、不同层次的企业组成，且企业间仅存在水平的交易关系；由大量相同行业的企业组成，且企业间属于上、下游关系；有地理区位优势驱动而形成的产业集群。刘维（2020）在集群理论的基础上考虑了电子商务产业与一般产业的异同，根据波特的钻石模型，提出了地理位置、农产品资源、农民、领头企业与政府五部分相互影响、相互促进的发展机制。

关于产业集群创新的研究。我国正在着力推进内需导向的创新型产业集群，特别是战略性新兴产业集群和先进制造业集群的培育与发展。我国的经济空间正从实体空间转向各类要素时空流动支撑下的实体空间、虚拟空间交互复合的新型网络空间（赵璐，2020）。幕继丰（2001）认为产业集群的形成源于某个行业、某个产品或解决方案的推进过程，成熟的产业集群一般包括三类元素：联系紧密的企业群、第三方服务机构、高层次的研究组织和研究中心。徐华（2005）认为产业集群的创新能力取决于产业集群内部的技术创新扩散的速度与广度、学习能力、分工程度与效率、合理的创新环境与体系。李新春(2000)认为产业集群内部存在大量且复杂的关系网络,这种关系网络能够加剧创新的产生和扩散,其中起到关键性作用的是创新性企业和创新型企业家,他们能够对产业集群内部的创新起到很好的引导和推动作用。至于区域经济如何抵御外部冲击,俞国军(2020)等对产业集群韧性进行了研究,结果表明内部技术创新是区域韧性的重要来源,即技术创新有助于区域经济抵御外部冲击。

2.1.2 产业集聚理论

2.1.2.1 国外关于产业集聚理论的研究

国外关于产业集聚理论的分析最早可追溯到亚当·斯密的古典经济学理论,亚当·斯密认为经济的集聚让大量的企业和工人集聚在相对接近的区域,然后为劳动分工创造了有利的环境条件。关于产业集聚的研究主要是从单个产业集聚到多个产业集聚的拓展。杜能圈就是一种工业集聚在城市中心而农业则在城市外围的典型产业集聚现象。早期学者多集中于对单产业的研究,如韦伯在1909年提出原区位内工业企业的规模扩张会引起产业集聚,同时提出了影响集聚的一般因素和特殊因素,但是并没有说明其他相关联产业在区域内的发展状态。马歇尔也对单个产业集聚进行了分析,在其《经济学原理》中,他从地理特征的角度认为产业集聚是多数性质相近的企业在外部性的作用下不断集聚在特定区域内的一种现象;同时提出了积聚的外部性,即劳动力蓄水池效应、中间投入品共享效应以及知识溢出效应。之后有学者开始将研究视线转向多产业集聚。继马歇尔、韦伯后,关于经济集聚的研究曾游离于主流经济学之外,直至以克鲁格曼(Krugman)为代表的经济学家,将工业企业的上下游以及相关联的企业放入"中心—外围"模型中,进行多产业集聚研究,使经济集聚回归到科学的经济学研究框架。由此,本书所研究的农村电子商务产业集聚是农村电子商务产业集群所产生的外部经济效应促使农村区域内相关产业集聚的一种现象。

2.1.2.2　国内关于产业集聚理论的研究

国内关于产业集聚的研究由来已久,近年来产业集聚更是国内研究的热点问题。国内关于产业集聚的研究主要集中于产业集聚对国内经济发展的影响作用以及产业集聚的形成机制与发展路径。

产业集聚对国内经济发展的影响作用分析。张晶(2020)表示对于大部分国家而言,产业集聚是推动城市经济增长的重要动力。产业集聚所带来的规模经济效应对于城市经济效率的提升至关重要,既能够促进劳动生产率的提高,也能够有效扩大内需。近年来,国内学者分别从不同方向分析总结了产业集聚对于经济发展的重要作用。孟寒等(2020)提出了产业集聚通过增加企业对外直接投资进而促进国内经济增长的四个作用方向:促进企业对外直接投资开拓市场;集聚区内集中的对外直接投资越多,企业对外直接投资可能性越大;产业集聚对于资本密集型和技术密集型行业的促进作用大于劳动密集型行业,并且对民企企业和中等规模企业"走出去"的促进作用更大;产业集聚促进了生产率的提高,对应斯密(1902)早期提出的劳动生产率的提高是经济增长的重要来源。宋凤轩等(2020)则提出产业集聚能够有效地拉动城镇和农村的居民消费,缩小城乡居民消费的差距,且对于城镇居民消费的促进作用更加明显。唐承丽等(2020)采用最近邻指数、Ripley's K 函数、核密度估计等方法对长江经济带开发区的空间分布与产业集聚特征进行了实证分析,结果表明经济相对发达地区的产业集聚强度和规模更高一些。赵婷婷(2020)也进行了实证分析,基于系统 GMM 实证检验了产业集聚对于区域创新的影响及其外部性机制,结果表明产业集聚可以显著提升区域创新水平,但在不同区域影响效果存在一定差异;产业集聚程度越高,对于创新的提升作用越大。吴鹏等(2020)则通过研究发现产业集聚可以提升居民的福利水平,制造业产业集聚与居民福利水平之间呈U形关系;制造业产业集聚存在一个适度区间,且这一适度区间与经济发展阶段之间存在协调性。作为推动经济建设与国防建设融合发展的重要载体,国防科技工业产业集聚发展在推动军民两用知识创造和技术溢出、吸引军民高端要素集聚及聚合区域创新动力中也发挥着重要作用(孙浩翔等,2020)。

产业集聚的形成机制与发展路径。梅燕等(2020)提出电子商务产业集聚与区域经济之间存在一定的协同发展机制,且在不同的阶段两者之间的协同发展机制存在差异。赵婷婷(2020)也通过实证检验得出,不同地区的产业集聚通过外部性机制影响创新的路径并不相同。严建援等(2016)针对区域协同发展下如何有效实现创新资源集聚这一现实问题,基于产业集聚理论和协同创新理论构建了创新资源分类体系,分析了协同创新参与主体之间的基本需求和功能定位,最后得出在区域协同下创新资源可以以知识链为发展路径形成平台式的集聚模式,也可以以价值链为发展路径形成链式的集聚模式。王婷等(2020)发现高技术产业集聚与生态环境在互动中可以实现协调可持续发展,但耦合协调等级有待提高,大部分地区经历了高技术产业集聚发展滞后、高技术产业集聚和生态环境同步发展、生态环境发展滞后三种耦合协调类型。孙浩翔等(2020)在梳理我国国防科技工业产业集聚发展现状和问题的基础上,提出系统耦合的国防科技工业产业集聚政策制度体系,构建基于区位优势的军民资源开放共享平台,形成基于完整价值链的国防科技工业产业集聚形态,为推动国防科技工业产业集聚发展,建设中国特色先进国防工业体系提供决策参考。肖怀德(2014)认为对产业集聚路径的研究不能仅限于物质产业,对文化产业集聚发展路径的研究同样具有现实意义,他提出了超越传统"产业集聚",进行文化创意产业集聚的路径探索,总结出规划文化创意产业集聚区的前提条件,并且提出文化资源富集中小城市(镇)文化创意产业集聚发展研究这一方向。

2.1.3　协同发展理论

协同概念是由德国著名物理学家哈肯(Hermann Haken)在 1971 年提出的,其在《协同学导论》(1976)中论述了协同理论,创立协同论(synergetics),并最早应用于物理学。哈肯指出,协同发展是指协调两个及以上不同个体或资源为达到共同发展的目标,进行相互协作。协同系统是指能以自组织方式形成宏观的空间、时间或功能有序结构的开放系统。协同学的中心议题是探讨支配生物界和非生物界的结构和(或)功能的自组织形成过程的某些普遍原理(哈肯,1989)。协同理论的主要内容可以概括为三个方面,分别是协同效应、伺服原理和自组织原理。

协同效应是指由协同作用产生的结果,是指复杂开放系统中大量子系统相互作用而产生的整体效应或集体效应(哈肯,1984)。协同效应展现了系统在不平衡状态下,从无序到有序的过程。区域协同发展可以促使区域内多种资源优化整合和调整产业结构,形成各产业间的优势互补,进而达到合作共赢的目标(顾祎晛,2013)。

伺服原理即快变量服从慢变量,序参量支配子系统行为。它从系统内部的稳定因素和不稳定因素间的相互作用方面描述了系统的自组织过程。

自组织理论是协同学理论的核心,这种自组织随协同作用而进行(郭治安,1991)。协同作用就是系统内部各要素或各子系统相互作用和有机整合的过程,在此过程中强调系统内部各个要素(或子系统)之间的差异与协同,强调差异与协同的辩证统一必须达到的整体效应等(孟昭华,1997)。

随着协同发展理论的发展，其在各个领域都有广泛应用，如物理学、化学、生物学、计算机科学、经济学、生态学、社会学等。该理论在这些领域的应用也为领域研究提供了新的方向和成果。Chalupa(1993)从协同学视角出发，对人口发展和社会经济系统的关系进行研究，这也为学术界在社会经济方面的研究找到了新的突破口。朱永达等(2001)运用哈肯模型，建立产业系统演化方程，并进行了实证分析，跳出"就结构论结构"的误区。李琳等(2015)将协同学运用到区域经济的研究，将驱动因素间的协同作用作为纽带进行研究，发现区域比较优势、区域经济联系以及区域产业分工三者相互促进、引导、依托，使得整个系统协同运转。喻登科等(2012)从以价值链、知识链和物联网为媒介的协同发展路径出发研究战略性新兴产业集群。范斐和孙才志(2011)以协同学理论为基础，对海洋经济和陆域经济的协同发展进行实证分析，将产业发展与区域经济联系在一起。李谭等(2012)研究了物流业与区域经济之间的协同发展，这也是产业发展与区域经济协同发展方面的研究。

本研究认为，在农村电子商务的发展过程中，其与区域经济之间就可以看作一个系统，农村电子商务产业集聚与区域经济两个子系统的发展将会相互影响。因此，本书将运用协同发展理论，分别在第4章、第5章和第6章对农村电子商务产业集聚与区域经济之间的协同机制及效应进行研究，探究两者之间从无序到有序的发展过程。

2.1.4 产业生命周期理论

生命周期理论最早出现在生物学领域，用于描述某种生物从出现到灭亡的演化过程(邵晓兰等，2006)。同样地，产业也有其生命周期。产业生命周期是产业由产生到衰退的一个演变过程，也就是一个产业从开始出现到最后退出社会经济活动所经历的时间。一般大体分为初创阶段、成长阶段、成熟阶段和衰退阶段四个阶段（Gort et al.,1982）。产业生命周期理论起源于产品生命周期理论，两者之间存在区别，但是产业生命周期理论可以借鉴产品生命周期理论。对产业生命周期理论的研究是在产品生命周期理论基础上开展的（芮明杰，2005）。

1996 年，雷蒙德·弗农（Raymond Vernon）首次提出产品生命周期理论，认为产品生命周期有三个阶段，即创新阶段或新产品阶段、产品成熟阶段和产品标准化生产阶段。在此基础上，经过大量的案例研究，艾伯纳西（N. Abernathy）和厄特巴克（J. M. Utterback）提出了基于技术创新的产品生命周期理论（A-U 模型）。1982 年，Gort 和 Klepper 在对产品的时间序列数据进行研究时，将产品生命周期划分为五个阶段，即引入、大量进入、稳定、大量退出和成熟。并且，建立了第一个产业生命周期模型（G-K 模型）。1990 年，Klepper 和 Graddy 对 G-K 模型加以发展，将产业生命周期划分为三个阶段，即成长、淘汰和稳定。1996 年，Agawal 和 Gort 从另一条途径对 G-K 模型进行发展，其划分与 G-K 模型相似，但每个阶段的长度存在差异。除此之外，其还引入了危险率，指出危险率与厂商年龄成反比。

产业集群是在产业的基础上产生的，所以学术界普遍认为产业集群也存在着生命周期。Porter（1998）指出，集群产生后就处于动态演化之中，他将产业集群生命周期分为三个阶段，即诞生、发展和衰亡。许庆明等（2003）认为产业集群会经历发展、成长、成熟和衰退四个阶段。很多学者对其生命周期都进行过论述。不同学者对于产业集群生命周期的划分也不同。例如：魏守华（2002）将产业集群生命周期分为发生期、成长期和成熟期，并对比分析了这三个阶段的特征，提出集群动态划分依据；Maggion（2004）将产业集群生命周期划分为初始阶段、第二阶段和第三阶段；Eisingerich et al.

(2008)将产业集群的发展分为早期阶段和晚期阶段。

Tichy(1998)将产业集群生命周期划分为产生、成长、成熟和衰退四个阶段,这也是学术界比较认可的划分方法。(1)产生阶段。该阶段由于产业集群内尚未规范产品的生产过程,企业想要拥有竞争优势,需要借助资源共享、合作分工和知识外溢等正外部性效应。(2)成长阶段。该阶段企业产量迅速扩大,集群内的企业、劳动力等资源开始逐渐集聚,产业集群优势显著。(3)成熟阶段。该阶段集群内的企业进行标准化生产,并扩大生产规模,由于同质性企业的不断出现,集群内竞争激烈,企业利润减少。(4)衰退阶段。创新发展到顶点,加上利润空间的缩减,大量企业退出集群,集群优势下降。类似的划分还有国内学者杨公朴等(2002)的划分,其在 Vernon 的产品生命周期理论基础上,将产业集群生命周期划分为诞生期、成长期、成熟期和衰退期。

在这样的集群生命周期划分基础上,学者展开了研究。许庆明等(2003)在四个阶段基础上对产业集群的可持续发展进行研究,并给出了防范集群过早进入衰退阶段的措施。孙湘等(2010)指出产业集群的可持续发展应该贯穿整个生命周期,并且需要企业、政府共同推动产业集群的可持续发展。王雅芬(2007)基于产业生命周期的四个阶段,分析每个发展阶段的技术创新特征,得到制约我国产业集群发展的制约因素和困境,并提出提高产业集群创新能力的建议。买忆媛等(2007)研究了产业集群不同发展阶段创业活动的特征以及创业活动与产业集群之间的关系,发现创业活动有利于产业集群的形成与成长,并且有助于产业集群生命周期的延长。

本书第 6 章内容借鉴 Tichy 的划分标准,选择从产生、成长和成熟这三个阶段来研究构建农村电子商务产业集聚与区域经济协同发展机制的理论框架。根据已有的研究和 Tichy 的划分标准,农村电子商务发展还没有进入产业集群衰退阶段,因此本书不对衰退阶段进行研究(如图 2-1 所示)。

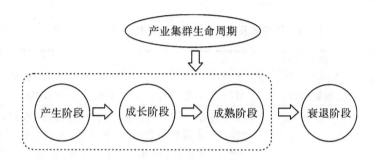

图 2-1　产业集群生命周期阶段的划分(Tichy,1998)

2.2　相关文献研究进展

2.2.1　农村电子商务发展的研究

2.2.1.1　国内涉及农村电子商务发展的研究文献梳理

本章首先对国内相关文献进行收集与梳理(见表 2-1)。国内文献使用"中国知网(CNKI)"中的学术期刊网络出版总库。本书以篇名为检索字段,检索词包括"农村电子商务""农村电子商务集群""淘宝村""淘宝村集群";从国内相关研究来看,我国涉农电子商务起源于 2000 年左右,因此本章的检索时间为 2000—2020 年;期刊范围锁定在 CSSCI 核心版收录的期刊,共检索到 108 篇文献。根据不同年份文献发表数量,结合农村电子商务发展状况,可以看出农村电子商务发展大致分为三个阶段,且每个阶段的研究重点均有所不同。

因此,本部分将先对农村电子商务发展历程相关文献进行梳理,其次分别从农村电子商务产业集群和产业集群与区域经济协同发展两个方面,对相关文献进行梳理，最后对已有文献进行评述。

表 2-1　国内涉及农村电子商务发展的代表性文献梳理

时间（篇数）	研究内容	代表文献
2007—2013 (7)	发展探析、发展构想、发展探讨等	李志刚(2007)；郑亚琴(2007)；王海龙、司爱丽(2007)；刘可(2008)；郭军明(2009)；于小燕(2009)；李玲芳(2013)
2014—2016 (32)	发展现状、问题、发展模式、淘宝村的研究等	崔丽丽等(2014)；凌守兴(2015)；吕丹(2015)；李育林(2015)；张耀辉等(2015)；郭承龙(2015)；张嘉欣(2015, 2016)；郑英隆、潘伟杰(2015)；岳欣(2015)；于红岩等(2015)；曾亿武等(2015, 2016)；植凤寅(2016)；朱邦耀等(2016)；刘杰(2016)；陈刚(2016)；郑新煌等(2016)；董运生等(2016)；钮钦(2016)；武晓钊(2016)；穆燕鸿等(2016)；王沛栋(2016)；郝金磊等(2016)；范林榜(2016)；马小雅(2016)；董坤祥等(2016)；黄云平等(2016)；王俊文(2016)；刘亚军等(2016)；谢天成等(2016)；王新春等(2016)；姚庆荣等(2016)
2017—2020 (69)	农村电子商务产业集群形成机理、淘宝村的形成及空间变迁、农村电子商务扶贫等研究	胡晓杭(2017)；洪卫等(2017)；徐智邦等(2017)；邵占鹏(2017)；周静等(2017)；刘亚军等(2017)；任晓聪等(2017)；柳思维(2017)；王林申等(2017)；雷兵等(2017)；田真平等(2017)；邵占鹏(2017)；王沛栋(2017)；周劲波等(2017)；刘亚军(2017)；史修松等(2017)；聂磊(2017)；王盈盈等(2017)；赵军阳等(2017)；刘可等(2017)；雷兵(2018)；周应恒等(2018)；曹荣庆等(2018)；邱泽奇(2018)；辛向阳等(2018)；卢小平(2018)；李秋斌(2018)；崔凯等(2018)；华慧婷等(2018)；楼健等(2018)；舒林(2018)；陈旭堂等(2018)；张天泽等(2018)；岳娅等(2018)；赵广华(2018)；刘玉来(2018)；余传明等(2018)；周大鸣等(2018)；张鸿等(2018)；薛洲等(2018)；张嘉欣等(2018)；陈宏伟等(2018)；刘静娴等(2018)；范轶琳等(2018)；魏晓蓓等(2018)；于海云等(2018)；李红琳等(2018)；彭芬(2019)；张庆民等(2019)；韩庆龄(2019)；田勇等(2019)；白冬冬等(2019)；周冬等(2019)；张正荣等(2019)；张宸等(2019)；万倩雯等(2019)；彭瑞梅等(2019)；贾浩杰等(2019)；盛虎宜等(2019)；仁晓晓等(2019)；张英男等(2019)；方莹等(2019)；陈宇(2019)；曾亿武等(2020)；李连梦等(2020)；唐跃桓(2020)；梅燕等(2020)

注：通过中国知网整理。

从已检索的文献来看,我国关于农村电子商务的研究主要从 2007 年开始。

在我国农村电子商务发展初期(2007—2014 年),国内对于农村电子商务的研究文献主要集中在农村电子商务发展探析、发展构想、发展探讨和发展现状等方面(李志刚,2007;郑亚琴,2007;王海龙、司爱丽,2007;刘可,2008;于小燕,2009;郭军明,2009;李玲芳,2013)。

在我国农村电子商务发展中期(2014—2016),关于农村电子商务的研究文献主要有两大方向。一是对农村电子商务发展现状、模式、问题和对策进行归纳(姚庆荣,2016;谢天成、施祖麟,2016;董坤祥等,2016;范林榜,2016)。例如:姚庆荣(2016)对当时国内已形成的典型农村电子商务发展模式及其特征进行分析,找出不同模式的异同性,并基于其各自的优劣势,深入探索其发展规律和推进机制;谢天成和施祖麟(2016)指出农村电子商务发展存在盲目性、无序性,规模小,要素支撑薄弱等突出问题和困难。二是关于淘宝村的形成过程、影响因素等方面的研究(崔丽丽等,2014;李育林等,2015;张嘉欣等,2016;曾亿武等,2016)。例如:曾亿武和郭红东(2016)总结出一个包含产业基础、淘宝平台、基础设施与物流、新农人、市场需求五个要件的农产品淘宝村形成因素理论框架;崔丽丽等(2014)通过实地调研总结出促进淘宝村网络销售额增长的因素有社交示范、网商协会组织、邻里示范等社会创新因素。同时,Cui et al.(2017)也指出社会创新的作用,认为在农村区域,社会创新促使分散的农村电子商务形成产业集聚,从而促进产业的发展。

在我国农村电子商务发展成熟期(2017—2020),主要是针对农村电子商务产业集群发展、淘宝村空间分布、电商扶贫等方面的研究(徐智邦等,2017;刘亚军等,2017;于海云等,2018;张宸等,2019)。例如:田真平和谢印成(2017)结合产业集群生命周期演进的特点，提出以创业导向为核心的产业集群成长机制理论；梅燕等(2020)通过多案例分析，探讨不同阶段的农村电子商务产业集聚与区域经济协同发展机制，发现在不同阶段，农村电子商务产业集聚与区域经济有不同的特征；徐智邦等(2017)从地理空间角度分析了淘宝村的变化趋势、空间分布特征；曾亿武(2020)对已有的淘宝村现象的研究进行综述，并指出未来的研究方向；唐红涛等(2018)通过分析电子商务对财政投入、人力资本两个中介变量的作用路径和作用强度来了解电子商务影响农村扶贫的效率；李连梦等(2020)基于中国劳动力动态调查(China Laborforce Dynamics Survey, CLDS)数据对贫困户和非贫困户进行分析，发现电子商务可以增加贫困户、非贫困户的收入，但是对缩小收入差距没有显著影响；唐跃桓等(2020)利用面板数据考察了电子商务进农村综合示范政策下，电子商务发展对农民增收的影响，发现其影响是正向的，说明农村电子商务的发展可以帮助农民创收减贫。

2.2.1.2　国外涉及农村电子商务发展的研究文献梳理

一方面，国外研究早期侧重于研究农产品市场在电子商务介入后的发展状况。Andreopoulou et al.(2008)选取希腊40家涉农企业，Tsekouro-poulos et al.(2012)选取了希腊100家涉农企业，通过对样本的分析，他们发现部分企业并没有充分利用互联网技术，互联网技术只是被他们用来进行宣传推广和信息搜集；Kwak和Jain(2015)发现，利用改善教育、卫生、政府、金融和其他服务的机会，互联网能带动农村区域的发展，有很大的潜力减少当地贫困。其实，由于很多涉农企业缺乏电商使用意识，加上其他因素对其成本的影响，他们并没有真正利用互联网进行销售，而是更多采用线上宣传线下销售的方式(Jiong et al.,2013)。真正使用电子商务，是需要将其纳入产业链中，同时充分考虑多项影响因素，明确销售战略，继而推动产业发展(Stritto and Schiraldi,2013)。Tianqi Wang et al.(2018)发现电子商务在农业科技生产上的应用对农业经济增长和生产效率的提高发挥了重要作用。

另一方面,国外农村电子商务方面的研究侧重从微观视角探讨电子商务对农村经济发展的影响效应,这主要是由于电子商务最早诞生在欧美发达国家,而这些国家的农业经营主体多为农场组织,因此学者更多地关注 E-Business 对农场经济的影响。例如,在电子商务发展之初,文献着重探讨信息技术的迅猛发展给农产品生产者经营模式(制度)带来的变革效应(Thysen,2000;Wen,2004),而电子商务的发展对农场生产效率的提高、交易成本的下降、农产品价格的稳定(Mueller,2000;Mueller,2001;Wilson,2000;Cole et al.,2004)以及农民生产过程中的要素购买以及产品销售渠道决策(Carlos et al.,2013)均起到了较重要的作用。也有少量国外学者通过涉农电子商务案例调查研究发现,涉农电子商务发展水平对农产品国内外贸易发展有显著影响(Manouselis et al.,2009;Shanmuga et al.,2011;Gan et al.,2011)。部分学者还具体探讨了农业中应用不同电子商务模式的决定性影响因素(Leroux et al.,2001),如 Fernando Montealegre et al.(2007)从供应链管理的角度采用 Logistical 回归模型实证分析了影响涉农企业电子商务实施的关键因素,社会经济特征如农村与城镇经济的差距、农场规模、组织形式以及农场主的教育程度均会影响农场电子商务的发展(Clasen et al.,2006;Burke et al.,2010)。

2.2.2　农村电子商务产业集群的相关研究

2.2.2.1　农村电子商务产业集群发展研究

在产业集群中,资源可以得到合理有效的配置,同时产业集群还可以提升整体产业的竞争优势，从而促进区域经济的发展。在马歇尔之后，有不同的学者开始从多个方面对产业集群理论进行进一步研究。例如：佩鲁提出的增长极理论、韦伯提出的区位理论等。阮建青等（2011）认为产业集群内的分工可以促进企业家的成长。认为集群内企业由于地理位置相近，且业务合作上存在交叉性，容易汇聚在一起，逐渐发展为集体行动。同时，Huang et al.（2008）认为产业集群不仅可以降低资本进入壁垒和技术壁垒，还可以让其他企业进入市场。

近年来，农村电子商务呈现几何级增长，部分地区逐渐形成以互联网销售为主要商业模式的农村电子商务产业集群，这对推进我国城镇化进程，缩小城乡差距有着重要的意义（凌守兴，2015）。在农村电子商务产业集群形成过程中，存在诸多影响因素。首先，电子商务的介入会带来商业模式的创新，改变农户传统的商业行为，打破地域限制，扩大销售市场。其次，电子商务带来的互联网经济不仅会扩大消费者需求，也会带来激烈的市场竞争，从而倒逼农户进行产业升级。同时，农村地区的领军企业出现会产生一定的示范作用。一方面可以增加农户的就业率，另一方面会提高农户的创业积极性。当然，农村电子商务的发展离不开政府的支持与引导。（王滢等，2017；田真平等，2017；史修松等，2017）。部分淘宝村通过成立电子商务协会谋求主动性集体效益。电子商务协会有两个作用：一是弥补市场失灵，在市场上发挥补充作用；另一个是弥补政府失灵，在市场支持中发挥作用（Cao R，2018）。这是因为电子商务协会可以通过获取内部成员资源，有效地进行内部治理，提升农村电子商务产业集群的竞争力，通过发挥政府职能、利用外部资源和依靠自身能力，促进相关资源的整合（曾亿武等，2016）。在促进农村产业集群发展的同时，还要优化发展电子商务产业价值链，增强产业集群自主创新能力，形成龙头企业，引领产业集群发展，吸引和培养专业技术人才,增强劳动力市场份额的正外部性,加强社会资本自律和协调合理地位,争取政府扶持政策和有效服务,促进内生动力机制,政府、协会和企业在集群合作中开拓新市场(Wang,2017)。田真平等(2017)指出创业导向在农村电子商务产业集群演进中的作用机制,发现创业导向在每个阶段对集群发展产生不同的作用,要鼓励农民创业,大力培育农村地区的领军企业,帮助企业形成超前意识,从而更好地发展农村电子商务。

2.2.2.2　农村电子商务产业集聚形成机理、发展路径与发展模式研究

发展农村电子商务不仅能促进当地的经济发展,也是建设新农村、缩小城乡差距、促进区域协调发展的重要途径。农村电子商务产业集聚的影响因素和产业集群的影响因素具有一定的交叉关系,例如人口规模、产业基础、经济发展水平、历史文化、社会组织等因素。首先,人口规模对农户网商的数量具有一定的影响,人口规模大且集中的地区,农户网商数量也多,集聚程度高;其次,原先具有产业基础的地区更容易发展农村电子商务;再次,经济发展水平高的地区,基础设施比较完善,信息传播快,更容易发展农村电子商务(武荣伟等,2018;曹玲玲等,2017);从次,历史文化会给农村产品带来附加价值,从而提高产品的知名度,带来旅游业等衍生行业的发展;最后,社会组织、金融企业等服务型机构也是推动农村电子商务的重要因素。这些因素通过相互作用形成合作机制,共同促进淘宝村的形成(朱邦耀,2016)。徐智邦等(2017)发现淘宝村集聚主要发生在珠江三角洲和长江三角洲的经济发达城市群中,其中深层驱动因素主要有:互联网消费市场的繁荣,互联网金融、快递和通信网络等相关行业的发展,政府和电商平台企业的共同推动,"邻里效应"与"商业文化传统"等社会因素。农村电子商务产业集群的形成过程类似"羊群效应",也就是说创业带头人更能激发农民主

体自主创业的可能。而资金投入较低、网销知识较少、生产工艺容易掌握、经营场所不加限制等因素都在一定程度上激励着农民主体的创业热情，因此也推动农村地区的产业集聚（雷兵等，2017）。

农村电子商务产业集聚是指农村电子商务产业集群所产生的外部经济效应促使区域内相关产业聚集的一种现象（Alexander et al.，2013）。一个地区的某种产业集聚对当地的生产力有重要影响，而产业集聚程度的加深有助于加速当地经济的发展（Combes et al.，2015）。这是因为，产业集聚不仅能够推动自身产业发展，也会带动相关产业发展，并以此促进区域经济的快速发展（Hanlon et al.，2017）。近年来，互联网信息技术在农村的普及与应用、丰富的农村劳动力资源、相对较低的电子商务创业资金投入等因素共同促进了中国农村电子商务的迅猛发展（汪向东等，2014）。中国各地农村区域持续形成的以淘宝村为代表的农村电子商务产业集聚现象，也引发了国内外学者的关注。淘宝村的形成既是互联网草根创业推动的包容性经济发展现象（吴晓波等，2014；刘亚军等，2017），也是农村电子商务产业发展模式快速推进与技术创新扩散的产物（曾亿武等，2016；Lee et al.，2017；Li，2017）。同时，淘宝村在助推农村经济社会转型上发挥着越来越大的作用，不仅能够解决小农户"卖难"和其与大市场对接的问题（Zeng et al.，2019），而且能够为农民提供更多的当地就业机会（Kong，2019）、增加农户家庭收入（Luo et al.，2019）、促进农村区域经济发展与转型（汪向东等，2014），对推进中国城镇化进程、缩小城乡差距有重要意义（凌守兴，2015；房冠辛，2016）。

2.2.3 有关淘宝村的研究进展

2.2.3.1 有关专业村的研究

专业村是指某一行政村大部分的农户从事一种或多种商品或服务的输出,并且此项活动的产值构成了该村的社会产值的主体。专业村最初起源于日本的"一村一品"生产模式(2007),该模式能够加速农村生产结构的调整和转换,并且能大幅度提升村民的收入,因此被广泛研究。对专业村形成的研究主要集中在专业村形成影响因素、专业村内部空间扩散、专业村形成与农户行为的关系等方面。

专业村形成的影响因素包括地理因素、资源禀赋、经济基础、企业家精神、创业能人、政府支持和当地传统习俗与文化等。Asheim(2000)通过对243 个专业村的地理分布的研究发现经济越发达的地区,越容易形成专业村。Feldman(2001)认为专业村内部的企业家精神能使村民敢于尝试新鲜事物,有非常灵敏的潮流敏感度,一直处于活跃状态,为创新打破旧的观念和壁垒提供条件。李小建(2013)基于河南省四个专业村构建了专业村形成框架,提出专业化和分工、邻里效应是专业村形成机理的重要组成部分,而资源禀赋、当地传统习俗与文化、地理因素和经济基础决定专业村的类型。Kurokawa(2010)基于马拉维、日本、泰国等 104 个国家发起的 OVOP("一村一品")运动,提出带头人、创业能人和经济基础是培育专业村的必备条件。

对专业村内部空间扩散的研究主要集中于创新扩散的特征、路径和空间扩散影响因素。Hagerstrand(1968)对专业村的空间扩散进行了定义,认为专业村的形成是由创业带头人引入创新,并通过易感人群在有限范围内进行传播的过程,并提出空间扩散具有等级效应、距离衰减和邻近效应等特点。刘玉振(2012)以河南省信阳市固始县大营村为例,研究其萝卜种植的空间扩散轨迹,研究发现空间扩散受到地理环境、空间距离、政府作用、扩散效益等因素的影响。高更和(2011)以豫西南三个专业村为样本村,发现专业村内部的空间扩散呈现S形轨迹,且前期创业能人起到主要作用,快速增产期主要依靠政府发力。

农户是专业村的主体,农户行为在很大程度上影响着专业村的形成。吴娜琳(2014)以杨木加工专业村为例,研究发现农户的资金、信息、技术的获取方式和社会交往行为、与专业协会的联系频度都对专业村的经济效益和扩散速度产生深刻影响。罗庆(2014)以河南省三个专业村为例,研究发现农户之间的互动,如竞争、合作、交流、学习等,都会在不同程度上影响创新扩散的速度。

专业村和淘宝村的形态非常相似,带头人进行某项专业性活动的同时带动村民的积极性,之后此活动在村内广泛铺开。但是两者也存在一定的区别,如两者在专业性活动场所(土地、互联网)、角色(生产者、产供销一体)、产品类型(农副产品、全品类)等方面就存在区别,所以淘宝村创业者间除了合作,还存在一定程度的竞争,并且其参与到产品的产、供、销的每一个环节中,导致村民创业扩散路径与淘宝村形成的动力机制和专业村存在一定程度的不同。另外,创业者创业的影响因素将更加多元化。所以,本书在淘宝村内部创业影响因素分析过程中,引入淘宝村内部影响因素。

2.2.3.2 淘宝村形成路径研究与动力因素研究

对淘宝村形成路径的研究大多从淘宝村形成的模式、产业的发展、竞争方式、空间转型、有无外来因素干预来展开。曾亿武(2015)借鉴Brusom二阶段模型,将淘宝村的形成过程分为两个阶段和五个环节。第一阶段:无政府干预自发生长阶段。第二阶段:政府和行业协会开始提供各种政策优惠和支持的阶段。五个环节包括项目引入、初级扩散、加速扩散、合作抱团和创业集聚。郭承龙（2015）通过对 18 个淘宝村进行实地调研，提出淘宝村发展模式的共生结构，依照不同的标准将电商模式分为非对称模式、偏利模式、对称模式、一体化模式和寄生模式。郑新煌（2016）运用 GEM 产业集群竞争模型将淘宝村的形成分为两个阶段。在萌芽阶段，地理优势、基础设施优势和复杂的关系网络为其奠定了基础；在快速发展阶段，市场需求和资本驱动产业集群的形成是其关键因素。骆莹雁（2014）以沙集镇木质家具生产为例，把该淘宝镇的发展过程分为五个阶段：种子阶段、集群网络形成阶段、集群成长阶段、产品个性化阶段、成长阶段。张嘉欣（2015）以广东省里仁洞村为例，从淘宝村的空间转型历程和产业发展出发，研究淘宝村社会主体角色的转变和更替，研究发现里仁洞村经历了工业化阶段、商贸服务阶段、信息化产业阶段，淘宝村的部分原著村民成为空间让渡者，使得淘宝村内部出现外来居民和原著居民动态博弈的全新村落形态。洪卫（2017）通过对山东曹县部分淘宝村的调研，发现淘宝村内部的竞争方式经历了三个阶段：网络推广和精准营销阶段、产品质量和服务质量阶段、个性化和品牌化阶段。

　　淘宝村形成的动力因素包括内部因素和环境因素，其中内部因素主要是淘宝村内部的产业基础、关系网络、新农人、地方文化、民间组织等，环境因素包括政府、平台、基础设施、物流、技术和模式的创新等，学者们一般采用案例研究方法来进行探究。例如，周静（2017）构建了淘宝村发展动力机制模型，其主要构成元素包括电商平台、产业基础、网商、物流，并指出淘宝村在互联网技术不断迭代更新和新的商业模式不断涌现的潮流中，也将处于持续进化的过程。刘亚军（2017）基于全国 20 个淘宝村的调研数据，从企业家精神的角度探讨淘宝村的内生动力。曾亿武（2016）通过多个淘宝村案例研究，总结了淘宝村形成影响因素的模型，其中包括产业基础、电子商务平台、配套设施、物流和新农人。刘亚军（2016）发现"互联网＋农户＋公司"的模式改变了农民在利益链中的角色，从而大大地激发了农民的创业积极性，进而使得淘宝村形成。郭红东（2016）以广东揭阳村为例，提出了电子商务协会帮助淘宝村集体效率提升的机制。崔丽丽（2014）以浙江丽水为例，提出邻里示范、社交示范、电子商务协会等社会创新对淘宝村销售业绩的增长产生了显著的促进作用。梁强（2016）以广东揭阳村、军埔村为例，发现淘宝村内部强大的亲缘、地缘关系使得创业者能够激发周边人群的创业动机，并直接或间接地为其提供创业资源，最终达到合作抱团的状态，从而加剧创业集聚效应。

也有学者开始关注到淘宝村产业集聚现象，例如张宸等（2019）以在电商平台驱动下由外围地区要素从无到有形成的后发淘宝村产业集聚为研究对象，构建理论模型，比较静态地分析了淘宝村产业集聚的形成和发展机制。他们发现：电商平台不对称地改变消费者购买中心城市和外围农村商品的交易成本，扩大了农村商品需求，这是淘宝村集聚形成的外生驱动条件；外围地区低成本劳动力和特色要素构成淘宝村集聚形成和发展的要素禀赋；Marshall 外部性推动淘宝村集聚规模扩大，拥塞效应和外部同业竞争制约着集聚规模上限；电商平台需求侧扩大商品需求、供给侧降低生产成本的二重性所蕴含的产业集聚能力是淘宝村形成和发展的关键。

随着淘宝村在中国农村地区的星火燎原，越来越多的国内外学者和机构都在持续关注这一现象，对它的研究也日渐深入，在研究视角、研究方法等方面都为本研究奠定了坚实的基础。

2.2.4　产业集群对区域经济影响的相关研究

2.2.4.1　国外关于产业集群与区域经济发展之间的关系研究

部分学者分别从宏观和微观两个视角对产业集群对区域经济的影响进行研究,得出前者对后者具有一定的促进作用,同时产业集聚也会提高当地的生产力水平,集聚程度越深,越能推动当地经济的发展(David et al.,2014)。

从宏观方面:Marshall(1920)在其研究中发现当整个产业取得长远发展时,其产生外部经济效应会使得区域内的企业实现规模收益递增,原本在产业市场外的企业为获取利润而进入产业市场。在产业集群内的企业通过技术交流,有利于知识的外溢和技术的扩散,从而带动企业生产技术的升级,扩大企业生产规模,提高企业生产效率,使得集群产生外部经济效应,进而吸引人才和资本的进入,获得发展动力,促进区域经济的快速增长。Alexander(2013)和 Beaudry(2001)指出一地的产业集聚会提高当地的生产力,产业集聚程度的加深有助于加速当地经济的发展。

从微观方面:部分学者通过微观数据进行详细探究。例如,Hanlon et al.(2017)指出行业的集聚度与经济的增长速度有着正相关性,但是经济增长的速度同时也受到城市规模的影响。此外,Sabyasachi(2013)为探究城市集聚与经济增长的相关因素,选取印度的 59 个城市进行分析,得出城市集聚同时受到市场与政策诱导影响的结果。Hanlon et al.(2014)通过对英国 31 个城市的多行业研究发现,产业集聚不仅能够推动自身产业的发展,也会带动相关产业的发展,并以此来带动区域经济的快速发展。

2.2.4.2 国内关于产业集群与区域经济发展之间的关系研究

产业集群逐渐成为世界性经济现象之一。在国家的发展中,产业集群化作为一种空间经济现象较为普遍,产业集群理论解释了区域内相关企业集聚实现竞争优势的现象和机制。在经济发展中,产业集群化出现的内生动力是分工协作和劳动力公共市场,其对于国家的经济发展来说至关重要(赵春玲,2017;邱晓姣,2018)。同时,创业型人才作为产业集群形成过程中的关键因素,能够有效地推动区域创新创业型经济体系的构建(孙丽芝,曹瑄玮,2013)。近年来多数学者研究不同产业集群对区域经济发展的影响,但对农村产业集聚与区域经济发展之间的研究尚不多见。如张治栋、王亭亭(2019)选取了长江经济带八个城市群的面板数据,运用全面广义最小二乘法(FGLS法)和面板校正标准误(PCSE)的方法发现产业集聚和城市集聚对推动区域经济增长均具有显著作用,其中产业集聚对经济增长的作用远大于城市集聚的作用,且产业集聚与城市集聚之间的良性互动也可以促进区域经济的增长。贺小荣、胡强盛(2018)通过探究湖南的旅游产业集群与区域经济发展的相互作用,发现湖南区域经济通过间接作用带动了当地旅游产业集群的发展。田晖(2015)通过对广东21个地市的金融产业集群对区域经济发展的作用进行实证分析,发现广东以深圳、广州为中心的珠三角金融圈的产业集群发展程度较高,其总体发展水平较为不平衡,虽然对区域经济增长有正向推动作用,但区域辐射力度不高。

2.2.5 对国内外现有文献的评述

通过对相关文献的分析可以看出:随着互联网经济的发展,农村电子商务在我国涉及的区域越来越广。农村电子商务的出现不仅帮助当地卖出积压的产品,同时也帮助部分贫困地区摆脱"贫困帽子"。部分农村区域已出现电商产业集聚现象,其以"淘宝村""淘宝镇""产业园区"等形式出现。越来越多的学者开始关注这一领域,并对农村电子商务发展现状及问题、农村电子商务产业集聚现状、农村电子商务空间格局分布等方面进行详细的分析和实地调查。这为本书的研究提供了充足的理论依据和现实支撑。但就目前的相关研究来看,仍然存在以下两点可以进一步补充的地方。(1)农村电子商务产业集群驱动区域经济协同发展机制的理论研究视角可以为已有相关研究做出一定的补充。目前学术界对淘宝村的研究文献已相当丰富,为了解农村电子商务产业集群的形成过程及原因提供了大量理论依据。但针对处于不同发展阶段的区域,农村电子商务产业集群如何驱动当地区域经济的协同发展,还缺乏深入的理论机制探讨。(2)由于农村区域电子商务研究领域的交叉性,在探讨农村电子商务产业集群这一社会现象时,可能更适合运用由管理学、经济学、地理学等学科的分析方法所形成的"多维度理论分析架构"。

基于上述文献进展分析,本书将以不同区域的农村电子商务产业集群为研究对象,首先探究其驱动产业集聚形成的机理、空间分布特征以及与区域经济协同发展的机制;同时选取中国东部、中部、西部三个区域为样本区,具体以浙江省、山东省、江苏省、安徽省和山西省等省份为研究样本,分别从宏观和微观两个视角,采取空间计量模型、协同发展模型以及多案例研究方法来探究农村电子商务产业集聚与区域经济之间的协同发展机制及其效应。本研究将为进一步丰富相关理论研究提供参考,也为分类深入推进不同区域农村电子商务的持续发展和演化路径提供理论依据。

第3章 中国农村电子商务产业
集群发展历程分析

3.1 引　言

随着互联网的快速发展,中国农村的网民数量逐年增加。依托庞大的农村人口基数、广阔的农村消费市场,中国的农村电子商务发展迅猛。截至2018年,中国农村网络零售额达到 1.37 万亿元,同比增长 30.4%,全国农产品网络零售额达到 2305 亿元,同比增长 33.8%。农村电子商务已成为脱贫攻坚的重要手段。根据国家商务部报道,2018 年,电子商务进农村综合示范新增 238 个国家级贫困县,覆盖率达 88.6%。农村电子商务的快速增长使得在中国的农村地区,催生了一种新的商业集聚形态:淘宝村(徐智邦,2017)。淘宝村是"互联网＋村域经济"的典型产物,是中国农村电子商务的典型地理集聚形态。阿里研究院将"淘宝村"定义为:大量网商集聚在某个村落,以淘宝为主要交易平台,以淘宝电商生态系统为依托,形成规模和协同效应的网络商业群聚现象。阿里研究院还制定了"淘宝村"认定标准:①经营场所在农村地区,以行政村为单元;②电子商务年交易额达 1000 万元以上;③本村活跃网店数量达到 100 家以上或活跃网店数量达到当地家庭户数的 10％以上。淘宝村的出现不仅拉动了农村就业和创业，增加农村收入，还促进了城乡一体化，推动了脱贫攻坚等乡村振兴战略的实施。

从整体视角来看，中国电子商务发展具有区域分布不均衡现象。刘晓阳等（2018）基于阿里研究院公布的 2015 年电子商务发展指数，对中国电子商务发展水平及其空间分布特征进行分析。研究表明中国电子商务发展水平总体偏低，地理分布差异显著；四大经济地带呈现不均衡发展状态，且东部沿海省份内部差距较大。钟海东等（2014）发现中国 C2C 电子商务卖家的分布有着空间集聚特征，卖家数量从东向西、从南向北逐渐递增。且地区经济水平、人口文化教育程度和物流行业发展均对其有重要影响。从城市角度来看，中国城市电子商务主要处于"低网购—低网商"和"高网购—高网商"两种状态，电子商务两极化现象严重，在省域层级出现自东部沿海向西部内陆由高到低的阶梯状分布（浩飞龙等，2016）。从农村角度来看，中国农村电子商务空间分布与大中型城市分布的变化具有一致性，存在区域不平衡特征，主要集聚在东部沿海城市（刁贝娣等，2017）。单建树等（2017）发现在演化趋势方面，淘宝村、镇呈现出在一定地域范围内快速裂变式增殖的态势，分布范围的扩张速度开始降低，但分布密度持续提高。

综上分析可以看出：（1）农村电子商务区域格局呈现出地域梯度和连片化特征，例如东部地区江苏、浙江、广东、福建等省的农村电子商务产业集群分布密度较高；（2）农村电子商务发展阶段不均衡，如浙江、江苏地区的农村电子商务发展较早，目前已形成较为成熟的产业集群格局，而中西部地区如安徽、河南、四川等省的农村电子商务则起步较晚，目前还处在产业集群形成阶段。本章节分别从淘宝村总量规模、区域分布和产业分布三个角度对中国农村电子商务产业集群的发展历程进行分析，了解其空间分布格局的变化特征，为后面章节的理论研究奠定现实基础。

3.2 中国农村电子商务产业集群发展历程分析

3.2.1 总体数量规模变化

2009 年,中国迎来了第一批淘宝村,分别是江苏省睢宁县沙集镇东风村、河北省清河县东高庄、浙江省义乌市青岩刘村。之后,其向周边扩散。如图 3-1 所示,截至 2019 年 6 月,中国淘宝村的数量在十年间实现了从 3 个到 4310 个的快速增长,且淘宝村广泛分布于 25 个省、自治区、直辖市。其中,在省级层面,浙江省的淘宝村数量最多,为 1573 个,黑龙江省实现了淘宝村零的突破;在市级层面,浙江省金华市排名第一,有 334 个淘宝村。

图 3-1 中国淘宝村和淘宝镇数量增长情况

数据来源:根据阿里研究院的研究报告整理得出。

电商的发展不仅仅局限于村级,还以镇乡为中心辐射开,称之为"淘宝镇",阿里研究院给"淘宝镇"下了定义,即一个乡镇一年电商销售额超过3000万元且活跃网店数量超过300家。表3-1和表3-2分别显示了2019年中国淘宝村、淘宝镇省级、市级数量排名和中国淘宝村数量变动情况(2009—2019年)。

从表3-1和表3-2的数据可以看出:淘宝镇的数量也在不断增长,根据2019年最新的统计数据,淘宝镇从2013年的4个发展为现在的1118个。其中,在省级层面,浙江省的淘宝镇数量最多,为240个,2019年安徽、江西等12个省(自治区、直辖市)实现了淘宝镇零的突破;在市级层面,福建省泉州市的淘宝镇数量最多,为54个。

表 3-1　2019 年中国淘宝村、淘宝镇省级、市级数量排名

排序	淘宝村		淘宝镇	
	省级	市级	省级	市级
1	浙江省(1573)	金华市(334)	浙江省(240)	泉州市(54)
2	广东省(798)	温州市(324)	广东省(155)	菏泽市(47)
3	江苏省(615)	菏泽市(307)	江苏省(155)	金华市(42)
4	山东省(450)	台州市(260)	河北省(149)	台州市(39)
5	河北省(359)	泉州市(205)	福建省(106)	温州市(38)
6	福建省(318)	宁波市(175)	山东省(87)	苏州市(35)
7	河南省(75)	宿迁市(174)	安徽省(48)	嘉兴市(33)
8	湖北省(22)	嘉兴市(171)	江西省(46)	宁波市(30)
9	江西省(19)	杭州市(167)	河南省(44)	廊坊市(29)
10	天津市(14)	东莞市(148)	湖南省(15)	东莞市(28)

数据来源:根据阿里研究院的研究报告整理得出。

注:省(直辖市)后面括号里的数字为当地淘宝村(镇)总量,后同。

表 3-2　2009—2019 年中国淘宝村数量变动情况

省份	2009年	2013年	2014年	2015年	2016年	2017年	2018年	2019年
浙江	1	6	62	280	506	779	1172	1573
广东		2	54	157	262	411	614	798
江苏	1	3	25	127	201	262	452	615
山东		4	13	63	108	243	367	450
河北	1	2	25	59	91	146	229	359
福建		2	28	71	107	187	233	318
河南			1	4	13	34	50	75
湖北			1	1	1	4	10	22
江西		1		3	4	8	12	19
天津			1	3	5	9	11	14
安徽					1	6	8	13
北京				1	1	3	11	11
辽宁				1	4	7	9	11
湖南				3	1	3	4	6
四川			2	2	3	4	5	6
吉林				1	1	3	4	4
广西						1	1	3
重庆						1	3	3
贵州						1	1	2
山西				1	1	2	2	2
陕西						1	1	2
新疆							1	1
云南				2	1	1	1	1
宁夏						1	1	1
黑龙江								1
合计	3	20	212	779	1311	2118	3202	4310

数据来源：根据 2019 年阿里研究院的研究报告整理得出。

　　同时,随着淘宝村的集群化发展,在某些省市还出现了一定数量的淘宝
村集群、大型淘宝村集群和超大型淘宝村集群。淘宝村集群最早出现在
2015 年,全国涌现出 25 个,分布于浙江、广东、江苏、福建、山东、河北,其中
浙江和山东各有一个大型淘宝村集群。2017 年浙江形成超大型淘宝村集
群,发展至 2019 年,中国淘宝村集群达到 95 个,大型淘宝村集群达到 33
个,超大型淘宝村集群达到 7 个,未来淘宝村也将以集群方式发展扩张。图
3-2～图 3-6 分别表示 2015—2019 年中国各省淘宝村集群的梯队分布情况。

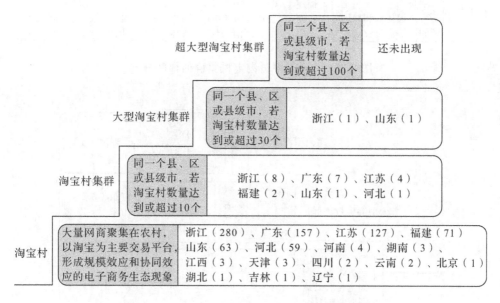

图 3-2　2015 年中国淘宝村集群的梯队分布

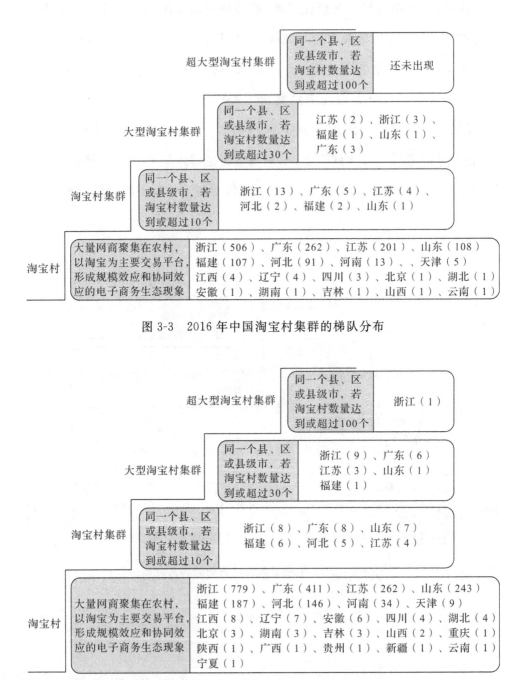

图 3-3　2016 年中国淘宝村集群的梯队分布

图 3-4　2017 年中国淘宝村集群的梯队分布

超大型淘宝村集群	同一个县、区或县级市，若淘宝村数量达到或超过100个	浙江（1） 山东（1） 广东（1）

大型淘宝村集群	同一个县、区或县级市，若淘宝村数量达到或超过30个	浙江（10）、广东（7） 江苏（4）、福建（1）

淘宝村集群	同一个县、区或县级市，若淘宝村数量达到或超过10个	浙江（16）、广东（10）、山东（8） 福建（7）、江苏（6）、河北（6）

淘宝村	大量网商聚集在农村，以淘宝为主要交易平台，形成规模效应和协同效应的电子商务生态现象	浙江（1172）、广东（614）、江苏（452）、山东（367） 河北（229）、福建（233）、河南（50）、江西（12） 北京（11）、天津（11）、辽宁（9）、安徽（8） 四川（5）、湖南（4）、吉林（4）、重庆（3）、山西（2） 陕西（1）、广西（1）、贵州（1）、新疆（1）、湖北（10） 云南（1）、宁夏（1）

图 3-5　2018 年中国淘宝村集群的梯队分布

超大型淘宝村集群	同一个县、区或县级市，若淘宝村数量达到或超过100个	浙江（5） 江苏（1） 山东（1）

大型淘宝村集群	同一个县、区或县级市，若淘宝村数量达到或超过30个	浙江（10）、广东（8） 江苏（3）、福建（3） 河北（2）

淘宝村集群	同一个县、区或县级市，若淘宝村数量达到或超过10个	浙江（16）、江苏（12）、山东（10） 广东（10）、河北（6）、福建（6） 河南（2）、湖北（1）

淘宝村	大量网商聚集在农村，以淘宝为主要交易平台，形成规模效应和协同效应的电子商务生态现象	浙江（1573）、广东（798）、江苏（615）、山东（450） 河北（359）、福建（318）、河南（75）、湖北（22） 江西（19）、天津（14）、安徽（13）、北京（11） 辽宁（11）、湖南（6）、四川（6）、吉林（4）、广西（3） 重庆（3）、贵州（2）、山西（2）、陕西（2）、新疆（1） 云南（1）、宁夏（1）、黑龙江（1）

图 3-6　2019 年中国淘宝村集群的梯队分布

数据来源：根据 2015—2019 年中国淘宝村研究报告整理绘制。

3.2.2 区域分布格局变化

通过观察表 3-3 可知,淘宝村最早出现在东部地区,发展至 2019 年,全国 96.33% 的淘宝村分布在东部地区,但是中部和西部也逐渐有淘宝村的出现。

表 3-3　2009—2019 年中国东中西部三个区域淘宝村数量的变动情况

年份	变动参数	东部	中部	西部	合计
2009	数量/个	3	0	0	3
	比例/%	100	0	0	100
2013	数量/个	19	1	0	20
	比例/%	95.00	5.00	0.00	100
2014	数量/个	208	2	2	212
	比例/%	98.11	0.94	0.94	100
2015	数量/个	762	13	4	779
	比例/%	97.82	1.67	0.51	100
2016	数量/个	1285	22	4	1311
	比例/%	98.02	1.68	0.31	100
2017	数量/个	2048	60	10	2118
	比例/%	96.69	2.83	0.47	100
2018	数量/个	3099	90	13	3202
	比例/%	96.78	2.81	0.41	100
2019	数量/个	4152	142	16	4310
	比例/%	96.33	3.29	0.37	100

数据来源:根据历年阿里研究院公布的淘宝村数据整理得到。

为了更加清楚地了解淘宝村地理分布的变化,通过观察 2009 年至 2019 年其中四年的淘宝村区域分布(结合表 3-2 和表 3-3)可以发现,淘宝村大量分布于东部沿海地区,并呈现出逐渐向周边地区扩张的趋势。淘宝村的空间分布极为不均衡,但其具有很明显的区域性集聚特征。淘宝村最多的地区是浙江省、广东省和江苏省,这三个地区的集聚程度最高。已有的统计数据显示,69.28％的淘宝村和49.19％的淘宝镇集聚于此。集聚的原因主要有三个:第一,这三个地区的个体经济和乡镇企业最发达,浙江省和江苏省也是电子商务的起源地;第二,浙江省和江苏省有位于长三角核心区域的地理优势;第三,广东地区自改革开放以来,逐渐形成了食品、电子、服装、玩具等优势产业,为电子商务发展打下了良好的基础,而电子商务的出现在一定程度上丰富了其经营形式和销售渠道。虽然西部和东北地区的淘宝村数量不多,但绝大部分省份已经实现了淘宝村数量零的突破。

3.2.3 产业结构变动情况

中国地域广阔,区域差异大。沿海和内陆地区自然禀赋、经济基础、文化传统和社会背景等各方面都存在差异,这也使得中国各地区的农村电子商务发展存在较大的差异。已有的中国淘宝村按产业类型主要可分为三种。一是农产品淘宝村,网商经营对象以农副产品为主,如阳澄湖大闸蟹、沭阳花卉、洪湖莲藕等。二是工业品淘宝村,主要经营产品有服饰、家具、3C数码等轻工业品。三是工艺品淘宝村,主要以手工工艺品为主,一半就地取材、手工制作,如安徽宣城的宣纸,山东曲阜的篆刻、碑帖,还有福建安溪的藤条等。从淘宝村数量上来看,淘宝村类型还是以前两种为主。

从产业特征来看,典型区域淘宝村的形成一方面在于其拥有本地和周边地区大量的传统农业生产优势,另一方面在于其强大的供应链和物流优势。同时也存在其他原因:如沙集淘宝村从网销家具小饰品到集家具生产、供应、销售于一体的一整套完整产业链,且品类也覆盖了板材、实木、钢木等主流品类,但当地并不生产木材;浙江丽水缙云的"北山模式",借助淘宝创业带头人的带动效应创建了全国户外用品的网络集散地,实现了"从无到有"的发展模式。这表明淘宝村的形成受到多方面因素的影响,与当地的区域经济特征、社会特征以及淘宝创业模式都有强关联性。

3.3 本章小结

根据前文的分析,本章得到的结论如下:(1)中国农村电子商务的典型地理集聚形态是淘宝村,从东部地区的"星星之火"到"东中西"的阶梯分布,淘宝村的数目逐年不断增加;(2)随着淘宝村的逐步发展,出现了淘宝镇,且淘宝村集群化发展,催生了淘宝村集群,这与淘宝村内部形成的电子商务产业集群的地理溢出效应相关;(3)由于中国东部、中部、西部的自然禀赋、经济基础、文化传统和社会背景等各方面都存在差异,因此中国农村电子商务产业类型发展呈现很强的阶梯形——东部地区＞中部地区＞西部地区。

第4章 中国农村电子商务产业集群驱动区域经济发展的理论框架

4.1 农村电子商务产业集群带来集聚的形成

产业集群亦称"产业簇群""竞争性集群""波特集群",指某一行业内的竞争性企业以及与这些企业互动关联的合作企业、专业化供应商、服务供应商、相关产业厂商和相关机构(如大学、科研机构、制定标准的机构、产业公会等)聚集在某特定地域的现象。

产业集聚是最常见的经济集聚形式,它指同一产业在某个特定地理区域内高度集中,产业资本要素在空间范围内不断汇聚的一个过程。

产业集群是同一或相关行业的企业在特定区域集中后,形成的相互促进、协调和竞争的一个具有一定整体竞争力的经济体。产业集聚强调的是企业在特定区域的集中过程。产业集群在集聚层面有三个重要条件:相同或者相关行业的集聚,企业之间密切互动的关系,产生集聚经济或外部性。

(1)在产业集群中,产业集群化作为一种空间经济现象较为普遍。集群化之后,资源可以得到合理的有效配置,同时提高整体产业的竞争优势,从而促进相同或相关行业的集聚,推进产业集聚。同时产业集群理论解释了区域内相关企业集聚实现竞争优势现象及其形成的原因。

（2）产业集群企业之间关系密切,不同的企业集群加剧企业间竞争,带来激烈的市场竞争,倒逼企业商业模式创新发展,打破地域限制,扩大销售市场,加快企业创新升级转型,从而降低企业资本进入壁垒和技术壁垒,促进产业集聚。

（3）在产业集群内的企业通过技术交流,有利于知识的外溢和技术的扩散,从而带动企业生产技术的升级,扩大企业生产规模,提高企业生产效率,使得集群产生外部经济效应,进而吸引人才和资本的进入,获得发展动力,促进区域经济的快速增长,区域经济得到发展进一步吸引更多企业集聚,带来产业集聚。

4.1.1 农村电子商务产业集聚形成理论机制

本书所研究的农村电子商务产业集聚是农村电子商务产业集群所产生的外部经济效应促使区域内相关产业集聚的一种现象。电子商务产业集群是指在特定的地域范围内,从事电子商务的个体创业者或企业在空间上的集聚,并伴随集群区域内该行业的上下游产业链和相关支持性服务机构的衍生发展（曾亿武等,2019）。本书的主要研究对象为在农村地区形成的电子商务产业集聚。

马歇尔（1920）指出产业在某个特定地理区域内高度集中,同时使得产业的劳动要素和资本要素在空间范围内不断汇聚的过程就是产业集聚。目前,已有学者对农村电子商务产业或产业集群的形成过程进行研究（凌守兴,2015;雷兵,2017）,本章根据已有文献研究结果,构建农村电子商务产业集聚形成理论机制,如图 4-1 所示。农村电子商务产业集群的形成主要有两个方面四个主要因素,分别是内部优势中的资源禀赋和社会关系,以及外部动力中的创业带头和政府支持,资源禀赋产生的资源共享、社会关系产生的劳动力共享、创业带头产生的知识外溢和政府支持产生的技术进步形成农村电子商务产业集群外部经济效应,从而促进了农村电子商务产业集聚的形成。

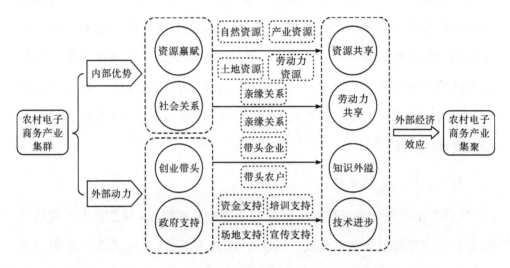

图 4-1　农村电子商务产业集聚形成理论机制

4.1.2　农村电子商务产业集聚形成的影响因素分析

4.1.2.1　内部优势

(1)资源禀赋。经济学家长期以来一直关注产业集聚的现象,并给出各种理论解释。在以屠能、韦伯和胡佛等为代表的传统区位理论经济学家的理论中,首先关注的是地区的资源禀赋分布和差异。因此,在农村电子商务产业集聚的形成中,资源禀赋也是不可或缺的,包括自然资源、产业资源、土地资源和劳动力资源。自然资源是指农村因为地理条件而拥有的水资源、土壤资源等,同时结合当地的产业资源,也就形成了产业基础。例如临安山核桃、陕西苹果、新疆哈密瓜。目前,农村电子商务的发展解决了农村的闲置土地和闲置劳动力问题,这不仅使农村地区实现了自然资源禀赋的合理使用,也实现了资源共享。

(2)社会关系。Malecki(1996)认为由于农村中独特的社会网络关系,农村产业集群内的企业相较于其他产业集群,更愿意与市场共享信息,通过协同合作的方式开发新产品和新技术,从而提高集群的竞争优势。该理论也适用于农村电子商务产业集聚中。我国农村地区的社会网络关系主要包含亲缘关系和地缘关系,这是有别于城市地区的社会关系。这种密切的农村社会网络关系有利于农村电子商务产业的传播与扩散,也有利于实现劳动力资源的共享。

4.1.2.2 外部动力

(1)创业带头。在农村电子商务产业集聚形成阶段,创业带头人的榜样效应具有关键的示范引领作用(于海云、汪长玉等,2018),其通过亲缘关系和地缘关系实现知识外溢,从而达到创业扩散。创业带头人可以是某个农户也可以是某个领头企业,他们的成功形成了榜样效应。农户创业成功会激发周边的亲朋模仿复制创业,同时在知识外溢的帮助下,会大大地减少学习成本;企业创业成功会吸引当地农户去就职,在工作的同时学习创业技能。

(2)政府支持。在农村电子商务产业集聚形成中,政府支持对农村电子商务产业发展具有重要作用(史修松等,2017)。政府支持主要包括四个方面。第一,资金支持。在创业初期,因为互联网创业成本低,农户对资金的需求不高,但是在产业扩大阶段,农户需要资金来扩大生产以满足市场需求,此时,政府会联合金融机构出台针对农户的优惠政策来扶持其发展。第二,培训支持。电子商务的应用实施需要掌握一定的技术与技能,如图像处理技术、电子条码技术等,而农民掌握的电子商务技能水平有限,这就需要政府发挥作用,提供相关培训机会。第三,场地支持。农户创业既包揽了供应和销售,还存在仓储等问题,这些都需要大面积的场地来支持。第四,宣传支持。创业初期需要通过宣传来打开市场,在发展期需要加大宣传扩大市场,在产业集聚形成后,仍然需要宣传加强产品的品牌效应。政府的支持不仅帮助产业更好地成长,也促进技术的不断进步,从而完成产业的升级。

4.1.3　中国农村电子商务产业集聚水平分析

为了解各省农村电子商务产业集聚空间分布情况,选择农村电子商务发展整体作为观察视角,分别对各省的农村电子商务产业集聚水平进行测算,并分别计算市(地区)级、县(区)级和镇级三个层次。针对产业集聚水平的测算有多种方法,学术界常用的方法有:产业集中度(CRn)、区位熵指数(LQ)、空间基尼系数、赫芬达尔指数(HHI)和 EG 指数。考虑到农村电子商务数据的可行性,本书选用赫芬达尔指数进行测算。

HHI 在产业经济学中,可以用来衡量市场结构,也可以用来表示产业集聚程度,其计算公式为:

$$HHI = \sum_{i=1}^{N} \left(\frac{X_i}{X} \right)^2 \tag{4.1}$$

其中,X 代表产业总规模,本书选用阿里研究院发布的 2013—2019 年中国各省淘宝村数量作为农村电子商务产业总规模;X_i 代表区域 i 内的产业规模,选用 2013—2019 年各省的市(地区)级、县(区)级和镇级淘宝村数量代表区域内的农村电子商务产业规模,N 代表产业中的地区数目。HHI 的取值范围是 $[1/N,1]$,取值越大表示产业地理集聚程度越高。根据公式(4.1)计算得出 2013—2019 年中国各省份三个区域层次的农村电子商务产业集聚水平，如图 4-2～图 4-8 所示，具体数据计算结果参见附录一。

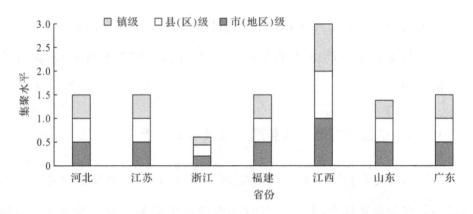

图 4-2　2013 年三个区域层次的农村电子商务产业集聚水平

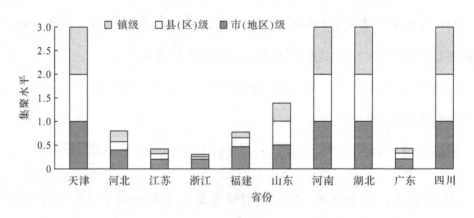

图 4-3　2014 年三个区域层次的农村电子商务产业集聚水平

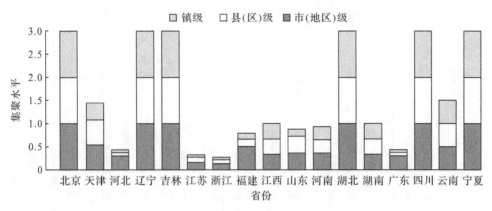

图 4-4　2015 年三个区域层次的农村电子商务产业集聚水平

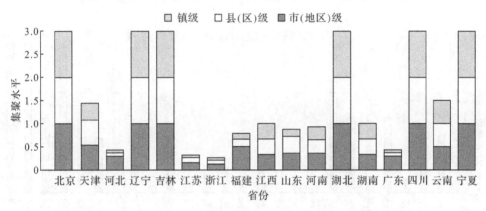

图 4-5　2016 年三个区域层次的农村电子商务产业集聚水平

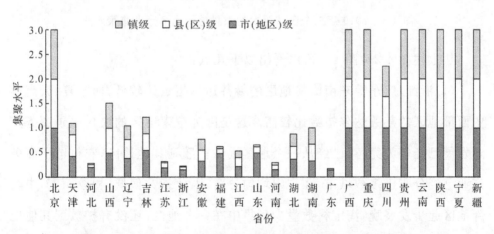

图 4-6　2017 年三个区域层次的农村电子商务产业集聚水平

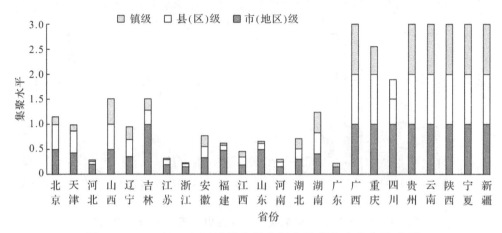

图 4-7　2018 年三个区域层次的农村电子商务产业集聚水平

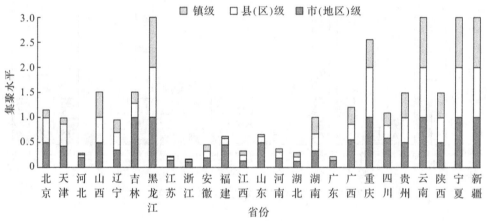

图 4-8　2019 年三个区域层次的农村电子商务产业集聚水平

从上述图 4-2～图 4-8 可以看出以下几点：

(1)浙江、广东等东南沿海地区的赫芬达尔指数比较低，而宁夏、云南等中西部地区的赫芬达尔指数比较高。这是因为东南地区的农村电子商务产业发展已经较为完善，已经从一个地区逐步扩散到其他地区，农村电子商务产业已经分布于多数城市，在省内均匀分布，因此指数偏低；相较而言，中西部地区起步发展晚，淘宝村数量少且集中在一个地区，还没有扩散到其他地区，因此指数偏高。所以可以得出结论：农村电子商务产业发展越落后的地区,集聚指数越高;农村电子商务产业发展越繁荣的地区,集聚指数越低。

(2)农村电子商务发展较好的地区具有一定的特征:①位于东部沿海地区,这可能是因为贸易开放度较高,使得东部农村产品销售市场大于西部。②经济发展水平较高,像浙江、江苏等地区的经济发展水平较高,农民有资本以及创业意识就更有可能倾向自主创业,同时电子商务内部创业扩散也更为普遍。③区域人口数量多,首先人口多也就意味着劳动力多,劳动力多则劳动力价格就会偏低,从而减少创业中的人工成本;其次,中国农民创业基本是依靠亲缘关系和地缘关系进行扩散,人口数量多的地区农民创业意识会偏高,且创业扩散速度较快;最后,人口数量多的地区,人才质量、素质水平会普遍偏高,有利于新技术新思想的掌握,从而注重产品产业的创新。

(3)从市(地区)级、县(区)级和镇级三个层次的计算结果来看,越来越多省份的淘宝村由当地的镇逐渐往外扩散,数据表现为赫芬达尔指数由1逐渐递减。以2019年数据结果为例,除黑龙江、重庆、宁夏、新疆4个区域外,其他21个已发现淘宝村的区域三个层次的赫芬达尔指数均小于1,这表明这些区域在不同的镇、县、市(地区)均形成了淘宝村。

4.1.4　中国农村电子商务产业集聚发展的影响因素分析

为更好地了解影响中国农村电子商务产业集聚空间分布的成因,本章节选取空间计量经济学(spatial econometrics)模型进行研究分析。空间计量经济学是研究由空间所引起的各种特性的一系列方法,是为处理截面数据或面板数据中的空间效应、空间相关性和空间异质性而专门发展的建模、估计与统计检验方法。

4.1.4.1　变量选取与数据来源

本章的实证分析采用中国2018年已有淘宝村的23个省份的截面数据

(因为与新疆维吾尔自治区相连的省份均无淘宝村而无法测算空间效应,所以将其剔除)。在变量的选择方面,被解释变量为前文所计算的农村电子商务产业集聚指数;在解释变量的选择上,本书参考武荣伟等(2018)、刁贝娣(2017)和李梦雨(2019)的研究,选取以下 6 个控制变量:①反映经济发展水平的经济增长率(RGDP);②反映城镇化水平的城镇化率(City);③反映销售的县域网络销售额(Sale);④反映产业基础的第一产业产值占总产值的比重(Industry);⑤反映人口规模的人口数量(People);⑥反映贸易开放度的进出口总额占 GDP 的比重(Trade)。

本章的农村电子商务产业集聚指数根据阿里研究院发布的淘宝村数量计算得到,进出口数据来源于各省商务厅 2018 年度工作报告中的进出口统计表,其他数据均来源于 2019 年中国统计年鉴。

4.1.4.2 研究方法与数据处理

空间权重矩阵是一种可以用来分析空间依赖关系,揭示空间关联性的空间数据分析工具。空间依赖关系可分为"邻接性"和"距离性"。借鉴已有文献(李梦雨,2019)的做法,选取"邻接性"空间依赖关系相对应的空间权重矩阵 W。具体操作如下:

$$W_{ij} = \begin{cases} 1, 省份\ i\ 与省份\ j\ 邻接 \\ 0, 省份\ i\ 与省份\ j\ 不邻接 \end{cases}$$

将两个有公共边或公共顶点的省份定义为"邻接",赋值 1;否则为"不邻接",赋值 0。由于本书的研究样本为 23 个省份,因此空间权重矩阵 W_{ij} 为 23×23 阶对称矩阵。

在模型的选择上参考空间计量经济学理论,主要选取空间滞后模型 SLM(Spatial Lag Model)和空间误差模型 SEM(Spatial Errors Model)。两者之间的不同在于引起空间自相关的变量不同。在空间滞后模型中,因变

量的空间滞后项导致空间自相关,而空间误差模型是由误差项导致变量之间的空间自相关。空间滞后模型的具体形式如下:

$$HHI = \alpha + \lambda W \times HHI + \beta Ctrls + \varepsilon \tag{4.2}$$

其中,λ 为空间自回归系数,测量空间滞后项对农村电子商务产业集聚的影响;Ctrls 代表上文中的 6 个解释变量;ε 为随机误差项。

空间误差模型具体形式如下:

$$HHI = \alpha + \beta ctrls + \gamma W \times \delta + \varepsilon \tag{4.3}$$

其中,γ 为空间误差自相关系数,表示相邻省份的空间误差项影响;δ 为空间依赖性的干扰项。

根据公式(4.1)计算得出 2018 年中国各省份农村电子商务产业集聚水平,如图 4-9 所示。

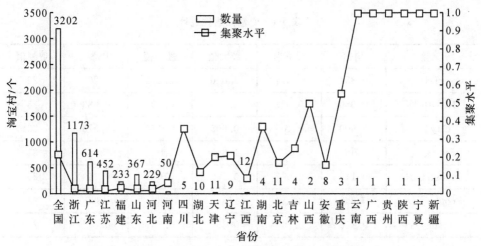

图 4-9　2018 年中国各省份淘宝村数量和集聚水平

4.1.4.3　实证模型估计结构与分析

为全面考虑影响农村电子商务产业集聚空间效应的因素,本章首先对各个指标进行描述性分析,其次对各个变量进行空间自相关检验,判断是否需要构建空间计量模型,之后通过经典回归模型来判断并选择合适的空间计量模型,最后对结果进行分析。

表 4-1 给出了基于总体样本的各变量的描述性统计结果。可以看出,在农村,电子商务产业集聚指数的标准差为 0.371,数值较大,这说明中国农村电子商务产业集聚发展不均衡,各地区存在较大的差异。县域网络销售额和人口规模的最大值和最小值差距较大。其中,县域网络销售额最大值达到 10665 亿元,最小值只有 49 亿元,相差 200 多倍,县域网络销售额的均值仅在 1700 亿元,说明存在某一个或少量地区县域网络销售额远远大于其他地区;从人口规模上看,人口数量最大达到 11346 万人,最小只有 688 万人。而产业基础、城镇化率和经济增长率方差较小,说明各地区在这三个方面差异较小。

表 4-1　变量描述性统计

变量	均值	标准差	最大值	最小值	中位数	观测值
HHI	0.354	0.371	1.000	0.011	0.207	23
RGDP/%	0.080	0.027	0.116	0.009	0.083	23
City/%	0.600	0.103	0.865	0.460	0.573	23
Sale/亿元	1700	2622	10665	49	508	23
Industry/%	0.149	0.072	0.289	0.008	0.149	23
People/万人	5388	2728	11346	688	4830	23
Trade/%	0.249	0.219	0.891	0.034	0.144	23

先对各个变量进行空间自相关检验,来确定各个变量在空间上是否有关联,是否存在空间依赖性,并据此判断进行空间计量分析的必要性。通常研究学者会选用莫兰指数(Moran's I)来进行空间自相关检验,因为莫兰指数不仅可以表示变量在空间上的聚集状态,也可以反映研究对象在空间范

围内的集聚和离散情况(李梦雨,2019)。表达式为:

$$I = \frac{N \sum\limits_{i=1}^{N} \sum\limits_{j=1}^{N} W_{ij}(x_i - \overline{x})(x_j - \overline{x})}{\left[\sum\limits_{i=1}^{N} \sum\limits_{j=1}^{N} W_{ij}\right] \sum\limits_{i=1}^{N}(x_i - \overline{x})^2} \qquad (4.4)$$

其中,W_{ij} 为空间权重矩阵;$(x_i - \overline{x})$ 和 $(x_j - \overline{x})$ 分别表示要素 i 和要素 j 与其平均值的差。当 $I > 0$ 时,I 越大表示空间正相关性越大;当 $I = 0$ 时,表示事物在空间不具有相关性,呈随机分布;当 $I < 0$ 时,表示为空间负相关,且 I 越小表示空间差异越大(朱邦耀等,2016)。

基于公式(4.4),运用 GeoDa 软件计算出 Moran's I 指数,得到被解释变量与所有解释变量的空间自相关检验结果。如表 4-2 所示,被解释变量农村电子商务产业集聚指数具有显著的空间正相关性,表现出空间聚集特征。其他解释变量也均有空间正相关性,除经济增长率(RGDP)外,均通过显著性检验。其中,城镇化率(City)、县域网络销售额(Sale)和产业基础(Industry)通过了 1% 的显著性水平检验,人口规模(People)和贸易开放度(Trade)通过 10% 的检验。因此有必要构建空间计量模型。

表 4-2　空间自相关检验结果

变量	I	均值	z	p
HHI	0.503	0.150	3.681	0.001
RGDP	0.022	0.131	0.506	0.238
City	0.323	0.144	2.617	0.009
Sale	0.383	0.146	2.965	0.002
Industry	0.384	0.124	3.517	0.006
People	0.170	0.140	1.585	0.059
Trade	0.146	0.146	1.354	0.104

通过表 4-2 可知,农村电子商务产业集聚以及各个解释变量均具有较强的空间相关性,因此一个省份的发展水平不仅对本市的农村电子商务产业发展有影响,对邻近省份可能也会产生间接影响。为更为准确度量城市发展水平对农村电子商务产业集聚的直接效应,首先采用经典回归方法对模型进行检验。表 4-3 给出了基于普通最小二乘法(OLS)回归的空间自相关检验结果。从表中可以看出,在拉格朗日乘数(Lagrange Multiplier,LM)检验方法下,空间滞后模型通过 5% 的显著性水平检验,而空间误差模型没有。与此同时,参考空间面板(Robust)LM 检验,空间滞后模型的统计量大于空间误差模型,因此选用空间滞后模型较为合适。

表 4-3　基于 OLS 回归的空间自相关检验结果

检验	统计量	p
Moran's I(SEM)	2.631	0.009
Lagrange Multiplier(SEM)	1.823	0.177
Robust LM(SEM)	0.113	0.737
Lagrange Multiplier(SLM)	4.296	0.038
Robust LM(SLM)	2.586	0.108

根据上述检验结果,本书最终选择空间滞后模型进行分析,但为了便于比较,同时也对空间误差模型进行估计分析。通过 GeoDa 软件分别得出 SLM 和 SEM 两个计量模型的估计结果,如表 4-4 所示。

表 4-4　空间计量模型估计结果

变量	SLM	SEM
RGDP	0.5431*(1.70)	0.7676***(2.83)
City	−4.5538*(−1.65)	−3.5730(−1.37)
Sale	−0.6175***(−2.50)	−0.7409***(−3.12)
Industry	−0.6313(−1.49)	−0.7912*(−1.80)

续表

变量	SLM	SEM
People	−0.7870*(−1.95)	−0.7173*(−1.82)
Trade	0.4600(1.04)	0.3662(0.93)
W×HHI	0.3671**(2.07)	—
W×δ	—	0.6061***(3.53)
Cons	3.4601**(2.22267)	3.5041**(2.37)
R-Squared	0.7638	0.7825
Obs	23	23

注:括号内为 z 统计量,***、**、*分别代表具有 1%、5%、10%的显著性水平。

由 SLM 的回归结果可知,县域网络销售额的回归系数为 −0.6175,并且通过 1%的显著性水平检验,说明县域网络销售水平与农村电子商务产业集聚之间有很强的负相关性,县域网络销售额越高,农村电子商务产业集聚指数越低,从而表示该省农村电子商务产业发展越好,农村电子商务产业在省内扩散且分布均匀。同时,经济增长率和城镇化率的回归系数均通过 10%的显著性水平检验,且经济增长率系数为正,城镇化率水平为负,说明经济增长快的地区还处于经济较为落后的阶段,且一般城镇化率也较低,因此,还不能更好地带动农村电子商务产业发展。然而,产业基础和贸易开放度的回归系数均不显著,说明两者与农村电子商务产业集聚关系并不明显。此外,空间滞后回归系数 0.3671,并具有 5%的显著性水平,表明农村电子商务产业集聚具有显著的空间正依赖性,临近省份之间具有正相关性。SEM 模型的回归结果与 SLM 模型的回归结果基本相同,回归系数的正负性一致。虽然在 SEM 模型中产业基础的回归系数显著,但是显著性水平不高,因此也不能说明产业基础与农村电子商务产业集聚关系明显。目前,随着互联网的发展,农产品上行和工业品下行逐渐实现,相较于传统的生长周期长的农产品,更多农户开始倾向于简单易生产的工业品,这就打破了传统的产业基础的限制。

通过上述研究分析可以得到以下结论。①农村电子商务产业集聚具有较强的空间正相关性,且受到县域网络销售额、经济增长率、城镇化率以及人口规模的影响。②经济发展水平与人口规模对农村电子商务产业集聚水平具有很强的影响。从经济发展角度来看,中国的经济发展强度也是从东到西逐渐减弱的,经济发展越好的地区,互联网技术越容易被人们接受并掌握,因此农村电子商务的发展也会更好;从人口角度来看,中国东部地区的人口规模大于西部地区,并且中国高等院校也绝大多数分布在东部省份,因此无论是劳动力人口还是人才水平,东部地区都具有很强的优势。③从空间溢出性来看,许多互联网大企业都位于江苏、浙江和广东一带,且农村电子商务的最初发展势头也是从这些省份开始冒出,由于空间效应具有溢出性,所以农村电子商务产业发展扩散也会以东部沿海地区为中心向外逐渐扩散。

4.2　农村电子商务产业集聚与区域经济协同发展机制分析

由于我国幅员辽阔,各区域自然禀赋各异,农村电子商务在不同区域的发展呈现出不均衡的状态。

关于产业集群生命周期理论的研究较丰富,不同学者对产业集群生命周期的划分也有所不同。Eisingerich et al.(2008)将产业集群的发展归为两个阶段,即少年阶段(或称为"早期阶段")和成熟阶段(或称为"晚期阶段")。Maggioni(2004)则将产业集群生命周期划分为三个阶段：在第一阶段，集群的产生通常由外部的激变触发，集群内部企业持续向外界释放该集群所在区域具备盈利性的信息，从而吸引更多企业进入该集群内部；在第二阶段，集群内部企业不断成长，大量竞争促使集群内部产业结构转型；在第三阶段，集群或者成为国家(地区)的产业技术领导力量，并且能够抵挡外部的技术冲击和经济衰退，或者开始走向衰退。相比之下，Tichy(1998)对产业集群生命周期的划分得到大多数学者的认同(付韬等，2010)。他将产业集群生命周期划分为产生、成长、成熟和衰退 4 个阶段。①产生阶段。产品和生产过程还未标准化，集群内企业凭借知识溢出、分工协作、资源共享所产生的外部经济性获取竞争优势。②成长阶段。集群发展迅速，企业生产率不断提高，资源开始出现集中趋势。③成熟阶段。企业生产过程和产品走向标准化和规模化，集群内部生产同类产品的企业之间的竞争加剧，利润下降。④衰退阶段。集群中企业大量退出，创新趋于停滞，集群优势逐步减弱。

本章借鉴 Tichy(1998)对产业集群生命周期的划分，同时考虑到目前农村电子商务发展还未进入衰退阶段，因此基于协同理论分析产生、成长和成熟这三个阶段的农村电子商务产业集聚与区域经济的协同发展机制。

4.2.1　产生阶段的协同发展机制分析

产业集聚必然带来人口的空间集中，这在为产业集聚提供充足劳动力资源的同时，也使聚集区的居民和企业均能从中获益(吴勤堂，2004)。在农村电子商务产业集聚的初期产生阶段，还是一个创业扩散的阶段，一般由创业带头人或者龙头企业主导，其他人或者企业通过模仿复制进行裂变式创业。在创业扩散阶段，农村人口开始聚集，闲置劳动力得以利用。劳动力在一地集中形成劳动力共享市场，减少雇主和雇员的搜寻成本，使劳资双方获益。农村居民借助"邻里关系"和"亲朋关系"获取创业技能。农民之间分工协作以及资源共享，通过"边干边学"机制复制他人技能，从而实现知识外溢（沈正平等，2004）。当地农村居民通过创业提高收入，以此带动区域消费能力提升。值得关注的是，产生阶段的农村电子商务产业集聚会引起人们对生活水平要求的提高，例如：适宜的居住环境、发达的医疗条件、良好的文化教育和便捷的交通等基础设施的建设。

  基于上述分析，本章节构建图 4-10 来表示农村电子商务产生阶段的产业集聚与区域经济协同发展机制。在产生阶段，农村电子商务产业集聚还没有形成，通过农民创业丰富当地劳动力资源，完成知识溢出、完善基础设施，满足基础产业的需求与发展，以此来推动区域经济的发展。因此，在这一阶段，农村电子商务产业集聚对区域经济产生单方面正向影响。

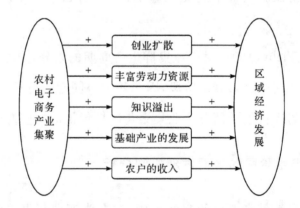

图 4-10　产生阶段农村电子商务产业集聚与农村区域经济的协同发展机制
注："＋"表示正向影响；"－"表示负向影响。

4.2.2　成长阶段的协同发展机制分析

Marshall(1920)指出产业集聚程度的不断加深,会影响区域内相关支持型和服务型企业的发展与集聚。我们也发现,在农村电子商务产业集聚成长阶段,由于农民网商不断集聚,农村电子商务产业集群产生,农村区域内与之相互关联、相互互补、相互竞争的产业及相关支持产业开始快速发展,并且在空间分布上不断地趋向集中。农村电子商务产业集群的外部经济效应产生的技术进步、劳动力共享、专业化分工和知识溢出等影响效应将区域内自然资源、劳动力资源、人才资源、金融资源等社会资源进行整合,实现资源的优化配置。然而,随着农村电子商务的膨胀式发展,资源的稀缺性导致供给跟不上需求,问题开始出现。例如,因为同一地区产品种类趋同,部分农民网商为抢占市场开始进行恶性价格竞争,选择低价销售或销售次品,阻碍当地区域经济快速增长。

此时,地方政府、金融与教育机构的介入与支持,以及电子商务协会的产生都可以对产业集聚产生协同效应,帮助产业更好地发展。如:地方政府提出相关政策扶持农民创业,金融部门提供优质贷款解决农户融资问题,教育机构引进电商人才并开展电商技能培训。已有的研究也发现:产业基础、特色产品和政府引导对农村电子商务产业发展有着巨大作用,而且不同发展模式的淘宝村的空间扩散是有差异的(史修松等,2017)。此外,淘宝村会通过成立电子商务协会谋求主动性集体效率,通过电商协会获得内部成员资源,并进行有效的内部治理,最终提升农村电子商务产业集群的竞争力。同时,通过发挥政府职能,利用外部资源,依靠自身能力促进区域相关资源的整合(曾亿武等,2016)。因此,在这一阶段,农村电子商务产业集聚与区域经济发展是相互影响关系,如图 4-11 所示。

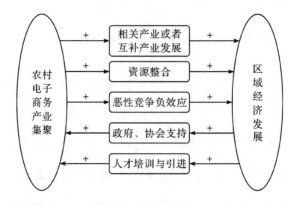

图 4-11　成长阶段农村电子商务产业集聚与农村区域经济的协同发展机制
注："＋"表示正向影响；"－"表示负向影响。

4.2.3　成熟阶段的协同发展机制分析

Porter(2008)认为产业集聚是在某一特定区域内，大量关系密切的企业以及相关支持机构以一个主导产业为核心，通过依靠比较稳定的分工协作在空间上集聚，形成有竞争优势的群体。在农村电子商务产业集聚的成熟阶段，区域内规模企业层出不穷，产品升级和技术创新扩大品牌影响力，提升产品竞争力。此时，农村电子商务产业链和电商服务支撑体系逐步完善，农村电子商务生态体系逐渐成形（刘亚军，储新民，2017）。在这一阶段，区域经济的发展进入稳定的增长态势，通过已经形成的商流、物流、资金流和技术流与农村电子商务产业集聚产生良性互动。农村电子商务产业集聚已经趋于完成，如物流业、金融业、其他商业，并且已建立相应的品牌，打造出具有地方特色的电子商务产业园区、淘宝村或淘宝镇。同时，区域内的竞争倒逼农户网商企业增加产品种类、提高产品技术水平，通过私人定制以及新媒体技术应用等创新方式增加利润空间。集群内关联企业借助地理位置优势进行业务交流，把握市场产品的更新和需求的变动方向。因此，在这一阶段，主要由区域经济发展给农村电子商务产业集聚带去正向的影响效应，如图 4-12 所示。

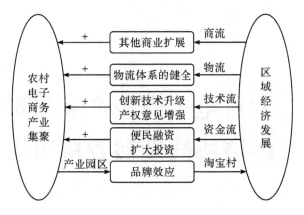

图 4-12　成熟阶段农村电子商务产业集聚与农村区域经济的协同发展机制

注:"＋"表示正向影响;"－"表示负向影响。

4.3　本章小结

本章首先对农村电子商务产业集聚的形成过程进行分析,发现农村电子商务产业集群通过内部优势和外部动力两个方面形成了资源禀赋、社会关系、创业带头和政府支持四个要素,这四个要素又分别通过不同因素产生了资源共享、劳动力共享、知识外溢和技术进步四个外部效应,促使农村电子商务产业完成集聚过程。之后,本章又基于产业集群生命周期理论发现,在农村电子商务产业集聚产生阶段,农村电子商务的快速发展以及区域经济的滞后性使得两者之间的发展基本不协同。在农村电子商务产业集聚成长阶段,产业集群开始产生,两者相互影响;同时,相关问题的出现使得农村电子商务产业集聚发展减缓,两者相互磨合。在农村电子商务产业集聚成熟阶段,农村电子商务产业的转型升级促使农村电子商务产业集聚的完成,使得两者逐渐走向协同状态。以上理论机制的分析为本书后续实证分析奠定了理论框架。

第 5 章　农村电子商务产业集聚与区域经济协同发展效应研究

5.1　引　言

通过前面第 4 章的分析可知,目前我国部分区域已形成明显的农村电子商务产业集群,且带来了一定程度的电子商务产业集聚。农村电子商务产业集聚是指农村电子商务产业集群所产生的外部经济效应促使区域内相关产业聚集的一种现象(Alexander et al.,2013)。一个地区的某种产业集聚对当地的生产力有重要影响,而产业集聚程度的加深有助于加速当地经济的发展(Combes et al.,2014)。这是因为,产业集聚不仅能够推动自身产业发展,也会带动相关产业发展,并以此促进区域经济的快速发展(Hanlon et al.,2014)。电子商务产业集聚的发展与当地的区域经济发展水平等要素紧密相关。同时本课题组在实地调查研究中已经关注到电子商务产业集聚与当地的农村经济间存在相互促进作用,而不仅仅只是单方向的影响作用,我们将其称为"协同发展效应"。例如,有些农村经济发达地区能够促进农村电子商务产业集聚健康有序发展,而农村电子商务产业集聚的发展又能推动当地农村经济的发展;但同时也存在农村经济欠发达地区农业生产极具特色或者由于某个返乡创业的农民自发形成不同的电子商务产业集聚,该集聚的形成与发展又会对当地农业农村经济结构产生重大影响。因此,为更好地对比研究不同区域农村电子商务产业集聚与区域经济协同发展关系,本章和下一章将分别从宏观和微观两个视角综合研究农村电子商务产业集聚与区域经济协同发展的程度与特征。

本章从宏观分析的视角,分别选取浙江省、山东省和安徽省三个样本地区的数据,采用耦合协调度模型进行实证分析。首先,三个样本选取的原因如下:(1)浙江省是我国最早出现淘宝村的三个省份之一,近十年来浙江省淘宝村的数量一直稳居全国第一,在"2018 年全国十大淘宝村集群"中,浙江省占据 6 个名额;(2)山东省是近年来淘宝村数量增长最快的省份,2017—2018 年连续两年淘宝村数量创历史最高增幅,成为全国第二大淘宝村集群,其中山东曹县成为全国唯一的 22 个乡镇都有淘宝村的县;(3)安徽省农村电子商务发展起步较晚,到 2016 年才产生第一个淘宝村。其次,本章将构建耦合协调度模型对两者进行实证分析。

目前,关于产业集群与区域经济协同度的研究,大部分学者均借鉴物理学中的耦合度来进行测算(张洪潮等,2013;霍影,2012;陈雁云等,2016)。耦合度是物理学中两个或多个系统之间相互作用和相互影响的关系,耦合度越高,则联系越多。本章借鉴已有的耦合协调度模型来测算浙江省农村电子商务产业集聚与区域经济协同度。

5.2 农村电子商务产业集聚与区域
经济耦合协调度模型构建

基于前文对农村电子商务产业集聚和区域经济发展的协同发展机制的理论分析，可以看出两者之间存在一定的协同发展效应。因此，本书将两者作为两个相互作用的子系统，建立一个复合系统。首先对这两个子系统的有序度进行测算，分析两者的综合发展状况；其次测算两个子系统的协同度，判断不同时期的协同状态；最后测算整个系统的协调度，判断其发展类型。

5.2.1 子系统的有序度

农村电子商务产业集聚与区域经济协同度是指在农村电子商务发展过程中，两个子系统从无序走向有序的趋势和程度。因此，先需要测算两个子系统的有序度。设 $U_i(i=1,2)$ 为农村电子商务产业集聚与区域经济复合系统 U 中的第 i 个子系统，即 $U=f(U_1,U_2)$；其中每一个子系统可以用一组序参量来描述，设子系统 U_i 的序参量变量为 $E_i=(E_{i1},E_{i2},\cdots,E_{ij})$，$i=1,2$；$j\in[1,n]$，且 $n\geqslant1$；M_{ij} 和 N_{ij} 是系统稳定临界点序参量 E_i 的上下限值，若 E_{ij} 为正向指标，取值越大系统的有序程度越高，反之越低。若 E_{ij} 为负向指标，取值越大，系统的有序程度越低，反之越高。本书取 M_{ij} 和 N_{ij} 分别为各组指标数据中的最大值与最小值，则序参量对自身系统的贡献程度 $EC(E_{ij})$ 表示为：

$$EC(E_{ij})=\begin{cases}\dfrac{E_{ij}-N_{ij}}{M_{ij}-N_{ij}}, & i\in[1,k]\\[3mm]\dfrac{M_{ij}-E_{ij}}{M_{ij}-N_{ij}}, & i\in[k,j]\end{cases}\tag{5-1}$$

其中 $,EC(E_{ij})\in[0,1]$ $,EC(E_{ij})$ 越接近 1，序参量对系统的贡献越大。

系统的总体特征不能只靠各个序参量数值的大小而确定，更应该是由序参量的组合来决定（李晓钟等，2015）。本书采用线性加权法计算农村电子商务产业集聚系统的有序度为：

$$EC(E_i) = \sum_{j=1}^{n} W_j EC(E_{ij}) , \text{其中} \sum_{j=1}^{n} W_j = 1 \qquad (5-2)$$

其中 $,W_j$ 为指标的权重 $;EC(E_i)$ 为序参量变量 E_i 的系统有序度，是评价系统有序程度的测度指标 $,EC(E_i)$ 越大 $,U_i$ 的有序程度就越高。

5.2.2　两系统间的协同度

系统的协同不但包括子系统自身的有序发展，也包括子系统之间的协同。各省农村电子商务产业集聚与区域经济子系统的耦合协调度模型为：

$$D = \sqrt{C \times T} \qquad (5-3)$$

$$C = \frac{\sqrt{EC(E_1) \times EC(E_2)}}{EC(E_1) \times EC(E_2)} \qquad (5-4)$$

$$T = aEC(E_1) + bEC(E_2) \qquad (5-5)$$

其中 $,D$ 为两子系统的协调度 $,C$ 代表各省农村电子商务产业集聚与区域经济子系统的协同度。T 为各省农村电子商务产业集聚与区域经济子系统的综合评价指数。a 与 b 为待定系数，且 $a+b=1$。

5.2.3　评价标准

根据式(5-1)、式(5-2)、式(5-4)可知 $,C\in[0,1]$，本书依据已有文献（何颖等，2015）对耦合度评价标准的划分，将协同度评价标准划分为 4 个阶段，如表 5-1 所示。

表 5-1　协同度评价标准

C	协同程度
0	无耦合
0～0.3(含)	低水平耦合
0.3～0.7(含)	中度阶段
0.7～1	高度阶段

资料来源:何颖,齐亚伟,徐志琴.电子信息产业与交通运输业耦合发展的实证测度研究[J].管理世界,2015(10):182-183.

耦合协调度相较于协同度来说,不仅能展现出各子系统自身的水平,还能反映出各子系统之间的相互作用。与协同度类似,$D\in[0,1]$,数值越大,协调程度越好,如表 5-2 所示。

表 5-2　协调度评价标准

协调度	发展类型	协调度	发展类型
0～0.09	极度失调	0.50～0.59	勉强协调
0.10～0.19	严重失调	0.60～0.69	初级协调
0.20～0.29	中度失调	0.70～0.79	中度协调
0.30～0.39	轻度失调	0.80～0.89	良好协调
0.40～0.49	濒临失调	0.90～1.00	优质协调

资料来源:何颖,齐亚伟,徐志琴.电子信息产业与交通运输业耦合发展的实证测度研究[J].管理世界,2015(10):182-183.

5.3　子系统的评价指标体系

为更具体地对农村电子商务产业集聚与区域经济两个子系统(U_1 和 U_2)进行测算,我们需要构建两个子系统的评价指标体系。借鉴张志伟(2019)和郑煌新等(2016)的研究成果,本章将"基础设施、市场和资本"作为影响农村电子商务形成产业集聚的三大核心要素。基于此,分别从基础性、规模性和效益性三个方面建立农村电子商务产业集聚子系统评价体系和区域经济子系统评价体系。

5.3.1　评价体系指标

对农村电子商务产业集聚的子系统指标选取的依据与说明如下。

①基础性:信息、交通设施和人力资源是农村电子商务发展的首要条件。因此,本书选择农村家用电脑数量来表示互联网普及率,用农村道路运输路线来表示交通条件,用农村从业人数来表示农村电子商务所需要的人力资源。

②规模性:农村电子商务产业集聚的规模性主要表现在发展规模上。在农村电子商务中,大部分还是属于个体经营户,要详细考察具有一定的困难。因此,分别选取浙江省、山东省和安徽省三个地区的淘宝村数量来表示农村电子商务产业集群发展规模;用农村信用社、农村合作银行和农村商业银行等相关农行的当年贷款余额作为农民创业资本的衡量;用快递业务总量来表示农村电子商务销售情况。

③效益性:农村电子商务产业发展的根本目的就是增加农民收入。因此,选择农村居民可支配收入来表示农村居民收入情况。

综上,农村电子商务产业集聚子系统指标体系如表 5-3 所示。

表 5-3 农村电子商务产业集聚子系统评价指标体系

指标	一级指标	二级指标	指标符号
农村电子商务产业集聚子系统 U_1	基础指标	农村家用电脑数量	E_{11}
		农村投递路线长度	E_{12}
		农村从业人数	E_{13}
	规模指标	淘宝村数量	E_{14}
		快递业务总量	E_{15}
		农村金融贷款	E_{16}
	效益指标	农村居民可支配收入	E_{17}

对区域经济的子系统指标选取的依据与说明如下。

①基础性。本章用全省总就业人数来代表浙江省劳动力资源,选用全省的生产总值来表示生产力情况,用财政总收入来表示经济发展情况。

②规模性。本章在考虑区域经济的规模衡量时,选用固定资产投资额表示社会投资情况,用社会消费品零售总额表示国内贸易情况,用全省金融机构贷款额表示融资情况。

③效益性。选用全省居民消费水平来表示区域经济的效益情况。

综上,各省区域经济子系统指标体系如表 5-4 所示。

表 5-4 区域经济子系统评价指标体系

指标	一级指标	二级指标	指标符号
区域经济子系统 U_2	基础指标	全省总就业人数	E_{21}
		全省生产总值	E_{22}
		财政总收入	E_{23}
	规模指标	固定资产投资额	E_{24}
		社会消费品零售总额	E_{25}
		全省金融机构贷款额	E_{26}
	效益指标	全省居民消费水平	E_{27}

5.3.2　数据来源与说明

考虑到淘宝村在中国的发展历程以及数据可得性,本章选取各省从 2009 年到 2017 年的相关数据。为方便后续计算,选择极值法对其进行标准化处理。(1)浙江省数据来源:查阅 2010—2018 年《浙江省统计年鉴》、2013—2018 年阿里巴巴淘宝村研究报告以及浙江农信中的相关数据。(2)山东省数据来源:查阅 2010—2018 年《山东省统计年鉴》、2013—2018 年阿里巴巴淘宝村研究报告以及国务院发展研究中心信息网数据库山东省相关数据。(3)安徽省数据来源:查阅 2010—2018 年《安徽省统计年鉴》、2013—2018 年阿里巴巴淘宝村研究报告以及国务院发展研究中心信息网数据库安徽省相关数据。

5.3.3　指标权重确定

熵在信息论中是对不确定性的一种度量。熵与信息量成正比,与不确定性呈反比。因此,可以利用熵值来评价判断一个事件是否是无序的,以及是否具有随机性。或者判断某个指标的离散程度,指标的离散程度越大,该指标对综合评价的影响越大。因此,本章采用熵值法来计算各个指标的权重。其具体步骤如下。

(1)计算第 i 个年份/地区的第 j 项指标值的比重:

$$Z_{ij} = \frac{y_{ij}}{\sum\limits_{i=1}^{n} y_{ij}} \tag{5-6}$$

式中,Z_{ij} 为标准化后第 i 地区每年的 j 指标占比,n 为地区或年份数量,y_{ij} 为标准化后的指标值。

(2)计算第 i 项指标的熵值:

$$e_j = -k \sum_{i=1}^{n} z_{ij} \times \ln z_{ij} \tag{5-7}$$

式中，e_j 为 j 指标的熵值，$k = 1/\ln n$，n 为地区或者年份数。

（3）计算第 j 项指标的变异系数：

$$d_j = 1 - e_j \tag{5-8}$$

式中，e_j 为第 j 个指标的变异系数。

（4）最后计算出第 j 项指标的权重：

$$w_j = d_j / \sum_{j=1}^{m} d_j \tag{5-9}$$

式中，w_j 为指标 j 的权重。

5.4 农村电子商务产业集聚与区域经济协同度测算及分析

5.4.1 指标权重的计算结果

由于农村电子商务产业集聚并不是区域经济发展的唯一驱动因素，因此，综合近几年各个省的国民消费结构，分别对式(5-5)中的 a、b 进行赋值。令浙江省的 $a = 0.35$，$b = 0.65$；山东省的 $a = 0.4$，$b = 0.6$；安徽省的 $a = 0.3$，$b = 0.7$；之后通过式(5-6)到式(5-9)分别算出浙江省、山东省以及安徽省的农村电子商务产业集聚和区域经济的指标权重，如表 5-5 和表 5-6 所示。

表 5-5　浙江省、山东省和安徽省农村电子商务产业集聚指标权重

指标	浙江省	山东省	安徽省
E_{11}	0.1069	0.1234	0.1234
E_{12}	0.1150	0.1018	0.1018
E_{13}	0.1422	0.1338	0.1338
E_{14}	0.1287	0.1313	0.1313
E_{15}	0.1709	0.1786	0.1786
E_{16}	0.1958	0.187	0.1870
E_{17}	0.1407	0.141	0.1410

表 5-6　浙江省、山东省和安徽省区域经济指标权重

指标	浙江省	山东省	安徽省
E_{21}	0.1163	0.1229	0.1229
E_{22}	0.1312	0.1369	0.1369
E_{23}	0.1408	0.1373	0.1373
E_{24}	0.1767	0.1535	0.1535
E_{25}	0.1500	0.1393	0.1393
E_{26}	0.1469	0.1469	0.1469
E_{27}	0.1382	0.1382	0.1382

5.4.2　有序度、协同度测算结果

根据式(5-1)，分别计算出浙江省、山东省和安徽省的农村电子商务产业集聚以及区域经济系统序参量的贡献程度，结果如表 5-7、表 5-8 和表 5-9所示。

表 5-7 浙江省农村电子商务产业集聚与区域经济系统评价序参量

指标	2009 年	2010 年	2011 年	2012 年	2013 年	2014 年	2015 年	2016 年	2017 年
E_{11}	0.000	0.305	0.634	0.811	0.333	0.500	0.748	0.889	1.000
E_{12}	0.000	0.572	0.822	0.111	0.560	0.733	0.685	0.831	1.000
E_{13}	1.000	0.731	0.495	0.201	0.162	0.000	0.176	0.645	0.858
E_{14}	0.000	0.120	0.242	0.358	0.490	0.626	0.741	0.845	1.000
E_{15}	0.000	0.013	0.045	0.086	0.163	0.297	0.473	0.750	1.000
E_{16}	0.000	0.001	0.003	0.004	0.008	0.078	0.359	0.649	1.000
E_{17}	0.000	0.087	0.205	0.304	0.501	0.627	0.744	0.860	1.000
E_{21}	0.000	0.216	0.403	0.487	0.572	0.599	0.694	0.824	1.000
E_{22}	0.000	0.165	0.326	0.408	0.513	0.597	0.691	0.843	1.000
E_{23}	0.000	0.125	0.292	0.370	0.451	0.550	0.717	0.826	1.000
E_{24}	0.000	0.073	0.197	0.339	0.485	0.643	0.790	0.927	1.000
E_{25}	0.000	0.110	0.247	0.354	0.467	0.586	0.711	0.851	1.000
E_{26}	0.000	0.151	0.254	0.347	0.460	0.549	0.726	0.875	1.000
E_{27}	0.000	0.134	0.305	0.388	0.495	0.613	0.714	0.827	1.000

表 5-8 山东省农村电子商务产业集聚与区域经济系统评价序参量

指标	2009 年	2010 年	2011 年	2012 年	2013 年	2014 年	2015 年	2016 年	2017 年
E_{11}	0.000	0.217	0.534	0.774	0.582	0.812	0.885	0.958	1.000
E_{12}	0.382	0.662	0.000	0.429	0.692	0.609	0.502	1.000	0.958
E_{13}	1.000	0.899	0.879	0.871	0.608	0.472	0.293	0.261	0.000
E_{14}	0.000	0.150	0.300	0.422	0.593	0.683	0.819	0.827	1.000
E_{15}	0.000	0.031	0.078	0.121	0.167	0.260	0.459	0.785	1.000
E_{16}	0.000	0.000	0.000	0.004	0.016	0.053	0.261	0.441	1.000
E_{17}	0.000	0.097	0.247	0.370	0.508	0.640	0.757	0.871	1.000
E_{21}	0.000	0.224	0.398	0.540	0.721	0.842	0.921	1.000	0.835
E_{22}	0.000	0.119	0.237	0.356	0.483	0.609	0.735	0.865	1.000
E_{23}	0.000	0.141	0.322	0.477	0.605	0.725	0.854	0.939	1.000
E_{24}	0.000	0.117	0.214	0.338	0.491	0.649	0.810	0.948	1.000
E_{25}	0.000	0.106	0.225	0.342	0.467	0.599	0.723	0.859	1.000
E_{26}	0.000	0.114	0.222	0.338	0.452	0.579	0.708	0.859	1.000
E_{27}	0.000	0.000	0.142	0.394	0.504	0.624	0.792	0.912	1.000

表 5-9 安徽省农村电子商务产业集聚与区域经济系统评价序参量

指标	2009 年	2010 年	2011 年	2012 年	2013 年	2014 年	2015 年	2016 年	2017 年
E_{11}	0.000	0.115	0.260	0.465	0.565	0.722	0.809	0.857	1.000
E_{12}	0.340	0.056	0.000	0.001	0.034	0.065	0.040	0.103	1.000
E_{13}	0.620	0.892	1.000	0.866	0.587	0.399	0.591	0.395	0.000
E_{14}	0.000	0.059	0.163	0.262	0.386	0.508	0.698	0.842	1.000
E_{15}	0.001	0.004	0.000	0.011	0.012	0.016	0.024	0.796	1.000
E_{16}	0.000	0.000	0.000	0.000	0.000	0.000	0.000	0.167	1.000
E_{17}	0.000	0.095	0.209	0.322	0.435	0.656	0.765	0.874	1.000
E_{21}	0.000	0.159	0.216	0.478	0.689	0.796	0.891	0.950	1.000
E_{22}	0.000	0.135	0.201	0.331	0.469	0.579	0.658	0.802	1.000
E_{23}	0.000	0.155	0.204	0.344	0.466	0.572	0.697	0.827	1.000
E_{24}	0.000	0.130	0.017	0.185	0.369	0.543	0.699	0.860	1.000
E_{25}	0.000	0.101	0.087	0.201	0.398	0.531	0.669	0.827	1.000
E_{26}	0.000	0.086	0.099	0.210	0.332	0.462	0.610	0.813	1.000
E_{27}	0.000	0.148	0.324	0.464	0.616	0.718	0.802	0.920	1.000

再根据式(5-2)可计算出浙江省、山东省和安徽省农村电子商务产业集聚与区域经济的有序度。最后根据式(5-3)、式(5-4)和式(5-5)以及两个子系统有序度结果,计算出浙江省、山东省和安徽省农村电子商务产业集聚与区域经济的协同度,两系统的有序度以及协同发展水平如表 5-10 所示。

表 5-10 浙江省、山东省和安徽省两系统的有序度及协同发展水平

省份	指标	2009 年	2010 年	2011 年	2012 年	2013 年	2014 年	2015 年	2016 年	2017 年
浙江省	$EC(E_1)$	0.142	0.232	0.301	0.232	0.286	0.372	0.535	0.767	0.980
	$EC(E_2)$	0.000	0.134	0.282	0.380	0.489	0.592	0.724	0.857	1.000
	C	0.000	0.482	0.500	0.485	0.483	0.487	0.494	0.499	0.500
	D	0.000	0.285	0.380	0.399	0.449	0.501	0.570	0.642	0.705

续表

省份	指标	2009 年	2010 年	2011 年	2012 年	2013 年	2014 年	2015 年	2016 年	2017 年
山东省	$EC(E_1)$	0.173	0.254	0.272	0.387	0.407	0.464	0.547	0.712	0.862
	$EC(E_2)$	0.000	0.112	0.245	0.395	0.527	0.657	0.790	0.911	0.980
	C	0.000	0.461	0.499	0.500	0.496	0.493	0.492	0.496	0.499
	D	0.000	0.279	0.357	0.442	0.488	0.534	0.584	0.642	0.682
安徽省	$EC(E_1)$	0.134	0.166	0.221	0.261	0.274	0.321	0.397	0.570	0.864
	$EC(E_2)$	0.000	0.130	0.161	0.314	0.474	0.598	0.717	0.857	1.000
	C	0.000	0.496	0.494	0.498	0.482	0.477	0.479	0.490	0.499
	D	0.000	0.264	0.298	0.385	0.447	0.495	0.545	0.614	0.692

5.4.3 有序度、协同度演化分析

根据表 5-10 的测算结果,分别绘制出浙江省、山东省和安徽省农村电子商务产业集聚系统以及区域经济系统有序发展趋势图,如图 5-1、图 5-2 和图 5-3 所示。

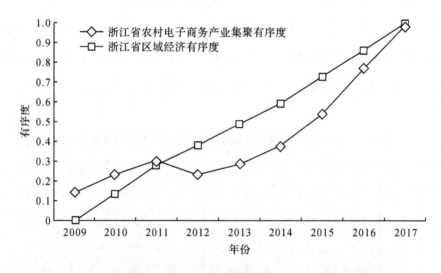

图 5-1 浙江省农村电子商务产业集聚与区域经济有序度

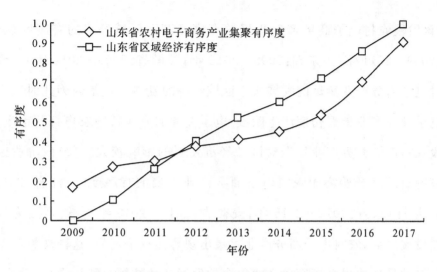

图 5-2　山东省农村电子商务产业集聚与区域经济有序度

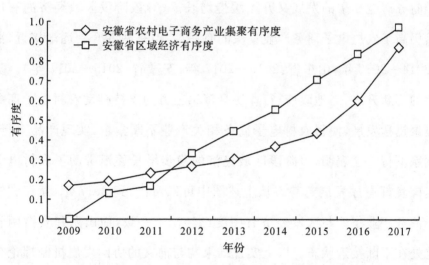

图 5-3　安徽省农村电子商务产业集聚与区域经济有序度

由图 5-1 至图 5-3 可以看出：在 2009—2017 年期间，各省农村电子商务产业集聚与区域经济有序度总体呈缓慢上升趋势，大致分为三个阶段。

(1)该阶段农村电子商务产业集聚的有序度高于区域经济的有序度（浙江省：2009—2011 年；山东省：2009—2012 年；安徽省：2009—2012 年）。说明农村电子商务产业集聚的发展快于区域经济的发展。这是因为此时正是农村电子商务产业集聚初期产生阶段，电子商务的介入帮助农户打开市场，该阶段农村电子商务产业集聚对区域经济发展的影响较大。（2）该阶段区域经济的有序度开始高于农村电子商务产业集聚的有序度（浙江省：2011—2014 年；山东省：2012—2015 年；安徽省：2012—2015 年）。这是因为经过快速发展之后，农村电子商务产业集聚出现恶性竞争现象，这种现象产生的负向影响导致农村电子商务产业集聚的发展开始减缓。随后农户、政府、企业开始采取创新、设置行业协会、培养人才等方式来解决出现的问题，农村电子商务产业集聚的发展又开始缓慢增长。（3）该阶段区域经济的有序度虽然仍高于农村电子商务产业集聚的有序度，但是两者开始逐渐接近（浙江省：2014—2017 年；山东省：2015—2017 年；安徽省：2015—2017 年）。随着产业的不断升级，当地政府、行业协会等第三方的支持推动农村电子商务产业集聚迅猛发展，使得农村电子商务相关产业不断集聚，实现产品上行、服务体系下行。这表明，该阶段区域经济的稳步增长逐渐带动了农村电子商务走向良好有序发展趋势。从上述图中可以看出，到 2017 年，浙江省农村电子商务产业集聚与区域经济有序度已经基本一致，而山东和安徽两省目前也处在不断接近状态。以上实证结果均与前文的协同发展机制理论分析相符合。

从图 5-4 与图 5-6 中可以看出，2009—2017 年浙江省、山东省和安徽省农村电子商务产业集聚系统与区域经济系统的协同度整体处于均衡状态，而耦合协调度呈现逐渐增长状态。参照表 5-1 的评价标准，浙江和山东两省的协同关系变化几乎一致，一直处于中度协同阶段：2009—2011 年，浙江省农村电子商务产业集聚与区域经济的协同度从 0 上升到 0.5。2009—2012 年,山东省也从 0 上升到 0.5。这表明这两个省从农村电子商务产业集聚产生阶段两者就处于中度协同状态。2012—2014 年,浙江省农村电子商务产业集聚与区域经济的协同度开始小幅下降;同样,山东省从 2013—2015 年也呈现下降趋势,但是仍都在(0.3,0.7)区间内。此时农村电子商务产业集聚中产生的恶性竞争对区域经济产生了负向影响。2015—2017 年,随着浙江省农村电子商务产业集聚的良好发展,与区域经济的协同度开始慢慢回到 2011 年的水平;山东省也从 2016 年开始回升,到 2017 年达到 0.499。安徽省的变化与浙江省几乎一致,只是由于农村电子商务发展较晚,因此与区域经济的协同度较浙江省低。

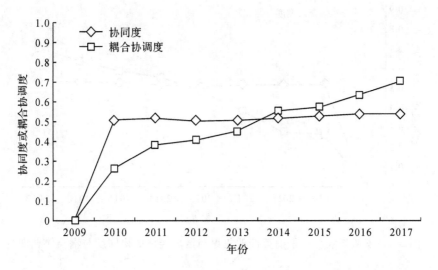

图 5-4 浙江省农村电子商务产业集聚与区域经济的协同度与耦合协调度

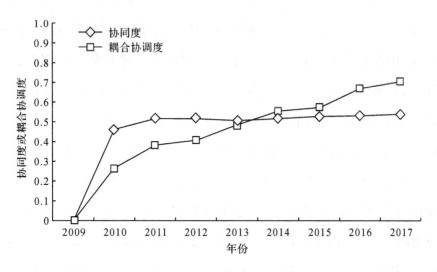

图 5-5 山东省农村电子商务产业集聚与区域经济的协同度与耦合协调度

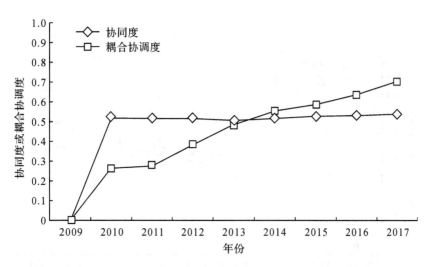

图 5-6 安徽省农村电子商务产业集聚与区域经济的协同度与耦合协调度

上述结果表明,三个省农村电子商务产业集聚与区域经济的协同度几乎一直处于稳定的水平,但并不能很好地表现两者在不同阶段的协同关系。因此,根据农村电子商务产业集聚与区域经济的耦合协调度测算结果,参照表 5-2 的评价标准继续分析。(1)2009—2017 年,浙江省两者的耦合协调等级可分为 7 个阶段。2009 年,浙江省农村电子商务产业集聚与区域经济的耦合协调度为 0,两者属于极度失调;2010 年为中度失调;2011—2012 为轻度失调;2013 年为濒临失调;2014—2015 年属于勉强协调;2016 年为初级协调;2017 年为中度协调。(2)2009—2017 年,山东省两者的耦合协调等级可分为 6 个阶段。2009 年,山东省农村电子商务产业集聚与区域经济的耦合协调度为 0,两者属于极度失调;2010 年为中度失调;2011 为轻度失调;2012—2013 年为濒临失调;2014—2015 年属于勉强协调;2016—2017 年为初级协调。(3)2009—2017 年,安徽省两者的耦合协调等级可分为 6 个阶段。2009 年,安徽省农村电子商务产业集聚与区域经济的耦合协调度为 0,两者属于极度失调;2010—2011 年为中度失调;2012 年为轻度失调;2013—2014 年为濒临失调;2015 年为勉强协调;2016—2017 年为初级协调。

5.5 本章小结

通过上述分析,分别总结浙江省、山东省和安徽省农村电子商务产业集聚与区域经济的协同关系。(1)2009—2011 年为浙江省农村电子商务产业集聚的产生阶段;2012—2014 年为成长阶段;2015—2017 年为成熟阶段。(2)2009—2012 年为山东省农村电子商务产业集聚的产生阶段;2013—2015 年为成长阶段;2016—2017 年为成熟阶段。(3)2009—2013 年为安徽省农村电子商务产业集聚的产生阶段;2014—2016 年为成长阶段;2017 年为成熟阶段。

在产生阶段,农村电子商务产业集聚的快速发展以及区域经济的滞后性使得两者之间的发展基本不协同;在成长阶段,两者开始相互影响,相互磨合；在成熟阶段，农村电子商务产业的转型升级促使农村电子商务产业集聚的完成。目前浙江省农村电子商务产业集聚与区域经济已经逐渐走向中度协同状态；山东省和安徽省还在初级协同状态。同时也可以看出，山东省在成长阶段的农村电子商务产业集聚的发展是快于安徽省的，但是正是因为发展过快，阻碍了与区域经济的协同关系，使其仍处于初级协同状态。

第6章 农村电子商务产业集聚与区域经济协同发展机制研究

本章将在前面章节研究的基础上,基于产业集群生命周期理论,从微观研究的视角,以浙江省缙云县和临安区、山东省曹县、安徽省泾县、江苏省沭阳县、山西省临猗县6个不同的电子商务发展典型区域为研究对象,综合运用扎根研究手段,采用多案例分析方法,进一步探讨不同阶段的农村电子商务产业集聚与区域经济协同发展的过程特征与形成机制。研究发现:①在农村电子商务产业集聚的产生阶段,电子商务的发展速度快于区域经济的发展速度,两者之间呈现基本不协同状态;②在农村电子商务产业集聚的成长阶段,电子商务产业集聚发展速度开始下降,并与区域经济发展相互影响、相互磨合;③在农村电子商务产业集聚的成熟阶段,在区域经济稳步增长的带领下,两者逐渐走向协同状态。

6.1 引 言

2019年6月国务院印发的《关于促进乡村产业振兴的指导意见》明确指出:"产业兴旺是乡村振兴的重要基础,是解决农村一切问题的前提。"发展农村电子商务产业既是经济欠发达地区实现增加农民收入、消除贫困的有效途径(汪向东,2016),也是引导农村供给侧结构改革、促进乡村振兴的重要力量。农村电子商务的飞速发展使得新农村、新农民、新农业模式不断涌现,催生了新的就业形态,吸收了大量农村剩余劳动力,并实现了农产品上行与工业品下行,极大程度上带动了农村一、二、三产业的发展与融合,进而促进了区域经济发展。商务部发布的数据显示,2018年中国农产品网络零售额达到2305亿元,同比增长33.8%;农村网络零售额达到1.37万亿元,同比增长30.4%[①]。

随着电子商务在中国农村地区的持续飞速发展,部分区域已经出现了淘宝村[②]、淘宝镇[③]、农村电子商务产业园区等典型的农村网络商业聚集现象。一方面,同一个村庄、乡镇或园区聚集了大量从事电子商务的农村个体创业者或企业,另一方面,这些电子商务从业者在淘宝等电子商务平台上提供的商品或服务往往聚集在一个或几个相同或相近的产业内(Qi et al., 2019)。这种商业聚集现象带动了电子商务技术流、资金流、商流、人才流逐步向农村地区集聚,形成农村电子商务产业集聚[④]。这在一定程度上扭转了农村资源要素向城市单向流动的局面,增强了农村地区的吸引力和发展潜力,使得农村电子商务发展与区域经济发展紧密相连。农村电子商务产业

---

①参见《2018年全国网上零售额突破9万亿元》,http://www.ce.cn/xwzx/gnsz/gdxw/201902/21/t20190221_31534567.shtml。

②本书采用阿里研究院对淘宝村的定义和认定标准。①淘宝村是大量网商聚集在某个村落,以淘宝为主要交易平台,以淘宝电商生态系统为依托,形成规模和协同效应的网络商业群集现象。②淘宝村的认定标准包括三个方面:一为交易场所标准(经营场所在农村地区,以行政村为单元);二为交易规模标准(电子商务年交易额达到1000万元以上);三为网商规模标准(本村活跃网店数量达到100家以上或活跃网店数量达到当地家庭户数10%以上)。

③淘宝镇是指一个乡镇或街道的淘宝村大于或等于3个,或者在阿里平台,一个乡镇一年的电商销售额超过3000万元、活跃网店超过300个,不局限于是否有淘宝村。

④本书研究的"农村电子商务产业集聚"指农村电子商务产业集群所产生的外部经济效应促使区域内相关产业聚集的一种现象。

集聚是当前部分农村地区电子商务发展的新形态(舒林,2018),能够对当地产业结构的调整、就业机会的增加、农民收入的增长等方面起到促进作用,进而促进当地区域经济的发展。

但值得关注的是,农村电子商务在中国不同区域的发展有先有后,有快有慢,即各区域农村电子商务产业集聚处于不同的发展阶段。那么,不同阶段的农村电子商务产业集聚是如何驱动当地区域经济发展的? 同时,区域经济发展是否会对农村电子商务产业集聚产生一定的影响? 目前,学者们对农村电子商务产业集聚在不同阶段驱动区域经济发展的理论机制尚不清楚,区域经济发展对农村电子商务产业集聚的反馈作用也有待深入研究。

鉴于此,本章节基于产业集群生命周期理论,通过实地调查,分别探讨中国东中西 3 个区域 6 个案例样本村不同阶段的农村电子商务产业集聚驱动区域经济协同发展的机制。本书的分析有助于人们更加清晰地了解农村电子商务产业集聚与区域经济在不同阶段的发展特征以及两者逐步协同发展的过程,既可为其他正在发展农村电子商务的地区提供参考,也对分类推进中国不同区域农村电子商务产业发展具有一定现实意义。

6.2　文献回顾与理论分析框架

6.2.1　相关文献回顾

近年来,互联网信息技术在农村的普及与应用、丰富的农村劳动力资源、相对较低的电子商务创业资金投入等因素共同促进了中国农村电子商务的迅猛发展（汪向东等，2014）。中国各地农村区域持续形成的以淘宝村为代表的农村电子商务产业集聚现象，也引发了国内外学者的关注。淘宝村的形成既是互联网草根创业推动的包容性经济发展现象（吴晓波等，2014；刘亚军等，2017），也是农村电子商务产业发展模式快速推进与技术创新扩散的产物（曾亿武等，2016；Lee et al.，2017；Li，2017）。同时，淘宝村在助推农村经济社会转型上发挥着越来越大的作用，不仅能够解决小农户"卖难"与大市场对接的问题（Zeng et al.，2019），而且能够为农民提供更多的当地就业机会（Kong，2019）、增加农户家庭收入（Liu et al.，2019）、促进农村区域经济发展与转型（汪向东等，2014），对推进中国城镇化进程、缩小城乡差距有重要意义（凌守兴，2015；房冠辛，2016）。

农村电子商务产业集聚是指农村电子商务产业集群所产生的外部经济效应促使区域内相关产业聚集的一种现象（Alexander et al.，2013）。一个地区的某种产业集聚对当地的生产力有重要影响，而产业集聚程度的加深有助于加速当地经济的发展（Combes et al.，2014）。这是因为，产业集聚不仅能够推动自身产业发展，也会带动相关产业发展，并以此促进区域经济的快速发展（Hanlon et al.，2017）。基于此，学者们也认为农村电子商务产业集聚有助于区域经济的发展。一方面，农村电子商务产业集聚过程往往伴随着创业带头人引领、邻里示范、电子商务协会互助、当地政府帮扶等社会创新效应（崔丽丽等，2014）。这些效应不仅能够提升当地经济协作的集体效率（郭红东等，2019；Cui et al.，2017），也改变了农民在利益链中的角色，激发了农民利用电子商务自主创业的积极性（刘亚军等，2017），为更多的小农户与大市场对接开拓了线上渠道和交易空间（曾亿武等，2017），从而进一步促进区域经济发展（梁强等，2016；雷兵等，2017）。另一方面，农村电子商务产业集聚会带来区域内产业结构的动态演化。例如，张嘉欣等（2016）对广州市里仁洞的淘宝村的单案例研究表明,电子商务的持续发展使得该村的产业结构从第一产业、第二产业逐步向第三产业演变。刘亚军等(2017)从经济演化理论视角剖析了淘宝村的产业演化规律,发现淘宝村的产业演化一般经历了萌芽、裂变式成长和产业集群式发展三个阶段。王滢等(2017)也认为电子商务产业集聚能够促进当地传统产业集群的升级与演化。

从上述对相关理论研究文献的回顾可以看出,目前,部分学者对淘宝村等农村电子商务产业集聚现象的形成机制、影响因素等开展了很多研究,但对该现象驱动区域经济协同发展机制的研究尚不多见,也鲜见有文献具体探究农村电子商务产业集聚在不同阶段驱动区域经济发展的理论机制,同时,区域经济发展对农村电子商务产业集聚的反馈作用也有待研究。鉴于此,本书基于产业集群生命周期理论,选择中国东中西部处于农村电子商务产业集聚不同阶段的 6 个典型样本村庄,通过实地调查,采取多案例研究方法,从微观视角探讨不同阶段的农村电子商务产业集聚的特征,以及驱动区域经济发展的作用机制,以期为分类推进不同地区不同发展阶段的农村电子商务持续演进提供理论依据和决策参考。

6.2.2　理论分析框架

本书借鉴 Tichy(1998)的划分方法,选择从产生、成长、成熟三个阶段构建农村电子商务产业集聚驱动区域经济协同发展机制的理论框架[①]。①在农村电子商务产业集聚的产生阶段,会出现劳动力集聚、创新知识外溢、资源共享等外部经济性特征。鉴于此,本书将从创新扩散角度入手,分别对此

[①]根据已有研究和 Tichy(1998)的划分方法,农村电子商务发展还没有进入产业集群衰退阶段,因此,本书不对衰退阶段开展研究。

阶段中案例样本的劳动力流向、电子商务创业知识外溢、基础设施变化、农民收入变化四个方面展开分析，以探讨在该阶段农村电子商务产业集聚对区域经济发展的影响。②在农村电子商务产业集聚的成长阶段，农村开始出现电子商务产业链和管理服务等资源集中的趋势。本书将从农村电子商务产业集聚的影响因素入手，分析区域农业产业链和电子商务服务体系这两个方面在该阶段的特征，以及对农村电子商务集聚效应的影响和作用。③在农村电子商务产业集聚的成熟阶段，农村电子商务产业链体系逐渐规模化。本书将从区域经济的影响因素和区域竞争力的变化入手，分析此时区域经济与农村电子商务产业集聚的协同发展机制，并归纳出农村电子商务产业集聚与区域经济协同发展的表现形式。上述分析框架如图 6-1 所示。

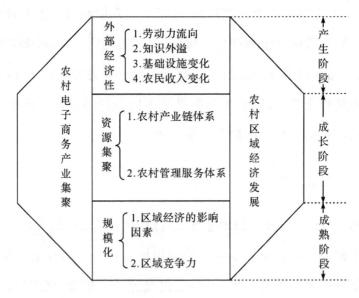

图 6-1 理论分析框架

6.3　研究方法与数据采集过程

　　为了实现研究目的,本书采用多案例研究的方法。之所以采用多个案例,是因为从多个案例推导出的结论往往被认为更具有说服力,更能经得起推敲(Herriott et al.,1983)。多个案例研究应该遵循复制的法则,即通过某个或某几个案例研究取得有价值的发现后,接着进行更多案例的相同研究,以分析确认初次发现的真实性和可靠性,当然,在此期间可以进行一定的问题调整(Yin,1984)。本书在具体分析的过程中,遵循复制法则的多案例研究的规范流程(罗伯特·K.殷,2019)。

6.3.1　样本选择及其特征

　　本章的研究目的是探讨中国农村电子商务产业集聚在不同阶段与区域经济协同发展的机制,因此,所选择的研究区域必须具有两个特征:①县域及以下地区;②已经或正在形成电子商务产业集聚。依照这两个标准,为了能进行不同阶段的对比分析,并考虑样本区域集聚的电子商务产业特征,本书选取了浙江省缙云县和临安区、山东省曹县、安徽省泾县、江苏省沭阳县、山西省临猗县[①] 6 个区域作为案例样本县域,并在每个县域的代表性村庄[②]

---

　　①截至 2019 年 6 月的数据显示,山西省临猗县还未产生淘宝村,它也是 6 个样本区域中唯一没有产生淘宝村的区域。但需要说明的是,笔者在 2018 年 8 月实地调查的过程中发现,该县已有越来越多的农民使用微信或淘宝平台创业,因此,笔者认为该县目前还处于农村电子商务产业集聚的产生阶段,并将其作为比较研究的对象,同时,课题组也在调查完成后向该县有关部门递交了关于当地农村电子商务发展模式选择和应用方面的建议。

　　②除了山西省临猗县的代表性村庄(后土营村)外,课题组在其他 5 个县(区)选择的 5 个代表性村庄均是县域内最早出现的淘宝村,可以满足课题组对不同阶段农村电子商务产业集聚特征的分析和比较的要求。

开展实地调查。样本村庄电子商务产业特征与所处的生命周期阶段如表6-1所示，村庄及其所在区域电子商务发展的具体情况如下。

（1）缙云县北山村。北山村位于浙江省丽水市缙云县壶镇镇北山脚下，是浙江省丽水市首个农村电子商务示范村，2013年被评为"淘宝村"。成为淘宝村之前，北山村的村民大多以走街串巷卖烧饼为生。从2006年有村民开始在淘宝网上销售户外用品起，发展到现在，村内已有自主品牌十余个，淘宝店300多个，天猫店12个，从事网络销售及相关工作人员达500余人，逐步形成了以北山狼公司为龙头，以个人、家庭、小团队开设的分销店为支点，以户外用品为主打产品的电子商务发展模式——"龙头企业示范带动＋政府推动引导＋青年有效创业"。北山村发展农村电子商务的事迹被学术界概括为典型的"从无到有"的"北山模式"（汪向东，2016）。

（2）曹县丁楼村。丁楼村位于山东省曹县大集镇，是山东省曹县产生的第一个淘宝村。在20世纪90年代初，丁楼村个别村民便开始做起了服装贸易生意，为影楼、戏班加工服饰。2009年，村民试着在网上卖影楼服饰；2013年，丁楼村被评为"淘宝村"；2018年，该村的电商销售额达到2.9亿元。2018年，曹县新增淘宝村39个，新增数量位居全国第一，连续两年创历史最高增幅；全县的淘宝村发展到了113个，首次突破100大关，已成为全国第二大淘宝村集群、山东省最大的淘宝村集群、全国唯一所有乡镇都有淘宝村的县。目前，曹县电子商务发展已经形成特有的"一核两翼"模式，即以人为本，电商平台与服务型政府双向赋能的发展模式。

（3）泾县李园村。李园村位于安徽省泾县丁家桥镇。20世纪90年代起，李园村的部分村民就以家庭为单位，从事宣纸、书画纸的生产加工。2010年开始有村民在淘宝网上销售宣纸，2016年该村被评为"淘宝村"，也是安徽省最早产生的淘宝村。2018年，全村电子商户有200多家，从事宣纸生产制造和销售的人员达 800 余人。2018 年,李园村所在的丁家桥镇淘宝村数量占泾县淘宝村数量的 2/3,占安徽省淘宝村数量的 1/4;同年,丁家桥电商集聚区被认定为安徽省级现代服务业集聚区。

(4)临安区白牛村。白牛村位于浙江省临安区,主要生产经营山核桃。2007 年白牛村开启了电商之路。截至 2018 年,临安区有 19 个淘宝村。从 2007 年到 2017 年,电子商务已经被白牛村人从一桩"外快"做成了一份"事业"。2016 年,白牛村被评为"浙江省电商专业村前十强"。白牛村借助互联网力量将农产品拓展成"品牌",有效地将"小农户"与"大市场"连接了起来。

(5)沭阳县周圈村。周圈村位于江苏省沭阳县新河镇,种植花卉苗木近 400 年,90% 以上的村民以种植花卉苗木为业,2014 年被评为"淘宝村"。2018 年,全村有 1800 余人从事花木种植和网络销售工作,有 800 余家淘宝店铺,线上花木销售额达到 2 亿元。2006 年以来,周圈村所在的沭阳县花卉苗木类的淘宝店铺发展到近万家,年销售额占全县花卉苗木销售额的 50% 以上。目前,网上卖花卉苗木的店铺有近 50% 来自沭阳县。沭阳县的电子商务发展已经形成了典型的"农村本地产业资源优势+互联网创新"模式,也被学界称为"沭阳模式"。

(6)临猗县后土营村。后土营村位于山西省临猗县,村民以种植临猗苹果①为生。2015 年,后土营村所在的临猗县出现苹果大范围滞销问题,当地村民自发借助"互联网+",使用淘宝、微信、O2O 等营销模式并竭力参加当地政府提供的电子商务培训来应对"卖果难"问题。2017 年,后土营村通过电子商务平台销售临猗苹果已达到近 150 万公斤。2018 年临猗县的苹果网

①临猗苹果是山西运城市临猗县的特产,是全国农产品地理标志产品。

上销售数额达到了 5 亿公斤。村民借助电子商务平台大量和快速销售了当地种植的苹果,实现了农产品上行,解决了农产品销售难问题。

6.3.2 资料采集过程说明

本书收集的资料包括一手资料和二手资料。一手资料的获得方法包括:①课题组为了探讨电子商务的介入如何推动农村一、二、三产业的融合发展,选取了表 6-1 所示的 6 个样本村庄开展田野调查,采取现场访谈、现场考察、亲自体验农户网上销售服务等方式;②课题组与当地村委会负责人和农村电子商务协会负责人开展座谈,座谈的主题为当地农村电子商务产业集聚与区域经济协同发展的关系。收集的二手资料包括:①阿里研究院有关淘宝村的研究报告;②直接从当地县级政府获得的相关材料,特别是当地相关负责人撰写的研究报告和其他有关当地电子商务发展的研究报告。田野调查的具体情况见表 6-2。

表 6-1 案例样本村庄的特征

名称	所属省份	代表村庄	原有产业	原有产业基础强弱	产业集群生命周期阶段判断	主营产品	产业属性
缙云县	浙江	北山村	无	—	成熟阶段	户外产品	
曹县	山东	丁楼村	农产品	弱	成熟阶段	演出服装,木制品	第二产业
泾县	安徽	李园村	宣纸	强	成长阶段	宣纸	
临安区	浙江	白牛村	山核桃	强	成长阶段	山核桃	
沭阳县	江苏	周圈村	花木	强	成熟阶段	花木	第一产业
临猗县	山西	后土营村	苹果	强	产生阶段	苹果	

表 6-2　田野调查的具体情况

地点	时间	对象	形式	内容
缙云县	2017 年 8 月	北山村村民,北山村村委会相关工作人员,电子商务协会负责人,共计 20 人	深度访谈	(1)当地农村电子商务在不同阶段的发展情况; (2)农民借助电子商务创业前后有何变化; (3)当地区域经济因农村电子商务发展有何变化
曹县	2019 年 5 月	丁楼村村民,曹县县政府相关工作人员,电子商务协会相关人员,共计 18 人	深度访谈	
泾县	2018 年 8 月	李园村村民,泾县县政府相关工作人员,电子商务协会相关工作人员,共计 25 人	深度访谈	
临安区	2018 年 7 月	白牛村村民,村委会及电子商务协会负责人,共计 15 人	深度访谈	
沭阳县	2017 年 8 月	周圈村村民,村委会、电子商务协会负责人,共计 20 人	深度访谈	
临猗县	2018 年 8 月	后土营村村民、村委会负责人,共计 15 人	深度访谈	

注:在样本选择过程中,访谈的村民皆具有开设网店或已通过电子商务进行创业的经历。

6.4　案例分析

基于图 6-1 的理论分析框架,笔者将从农村电子商务产业集聚的产生阶段、成长阶段和成熟阶段对样本区域的案例进行分析,并概括总结出样本区域电子商务产业集聚在不同阶段的特征,以及农村电子商务产业集聚驱动区域经济协同发展的机制。

6.4.1　产生阶段:农村电子商务快速发展正向推动区域经济发展

表 6-3 为 6 个样本村①的部分代表性实地访谈资料,以及提取的关键

———————————

①按照表 6-1 的划分可知,6 个样本村均已经历或正处于农村电子商务产业集聚的产生阶段,因此,课题组遵循多案例研究的复制法则,在实地访谈中询问了每个村在该阶段的发展背景,并通过文本分析提取资料中的关键词。

词。从这些资料的分析结果中可以获取以下信息。①电商创业扩散和创新知识外溢是农村电子商务产业集聚产生阶段的主要特征，同时，当地的产业基础会影响电子商务创业在农村区域扩散的方式。在无产业基础的地区，一般会先出现一个创业带头人；但在有产业基础的地区，更多的是由于互联网的介入和应用，村内部分青年劳动力开始尝试通过电子商务销售当地的特色产品（农产品或手工业品）。例如，样本中的北山村和丁楼村均没有产业基础，当地村民利用电子商务创业均由当地创业带头人引领。在北山村，吕振鸿①作为北山村网络创业的"老大哥"，2006 年就在家开了村里的第一家淘宝店，在网上代理销售各类户外用品，2008 年正式成立自己的公司，开始打造自己的户外用品品牌"北山狼"。他将自身的成功经验传授给村里乡邻，并在创业初期吸纳他们到自己公司上班学习淘宝店运营知识。因此，北山村村民电商创业采用的是"边干边学"的方式。在丁楼村，村民周爱华于 2010 年 3 月第一个在淘宝网上注册了网店售卖演出服饰，在她的带动下，同村的村民也学着开起了网店。可见，北山村逐步集聚的户外用品产业和丁楼村逐步集聚的表演服装产业均是"从无到有"的过程。相比较而言，李园村、白牛村、周圈村和后土营村均有产业基础，村民们更多的是因为互联网应用的普及选择利用电商平台拓展原有产业的线上销售渠道。课题组在实地调查中发现，李园村、白牛村、周圈村和后土营村的受访村民大部分是受到亲戚朋友创业的吸引而模仿学习，不像北山村和丁楼村的受访者均提到当地的创业带头人。②当地基础设施改善和农民收入提高也是农村电子商务产业集聚产生阶段的共同特征。首先，当地政府会不断改善道路、网络等基础设施，以满足部分区域农村电子商务产业集聚过程中对物流、信息流不断

---

① 吕振鸿是北山村第一位利用淘宝平台创业的带头人，创立了"北山狼"户外用品品牌，并带领全村村民进行电商创业，被当地人称为带领北山村"触电"的电商"领头羊"，现为缙云县网商协会会长。

增加的需求。例如,自丁楼村 2013 年成为曹县首个淘宝村以来,当地政府部门持续对该县的电商村增加支持和投入力度,仅 2017 年曹县政府就为丁楼村等电商村改造道路 186.9 公里①;同年,全县电商村网络覆盖率达到 91%。其次,借助农村电子商务的应用,当地村民的收入逐步提高,例如,电子商务的发展使得北山村的人均纯收入由 2006 年的 3311 元增长到 2014 年的 13926 元;丁楼村人均纯收入从 2010 年的 5000 元增加到 2014 年的 15000 元②。

表 6-3　6 个样本村的部分代表性实地访谈资料及提取的关键词(产生阶段)

阶段特征	村庄	代表性访谈资料整理	关键词提取
电商创业扩散	北山村	一开始是吕振鸿在外地打工,后来回村开始创业,做户外产品淘宝店。他做得好了,我们就选择跟他做淘宝。(ZGS③)	创业带头人
	丁楼村	我们原来种植芦笋,但是销售一直比较一般,后来有人在网上卖演出服,销量还不错,我们就也想创业。(ZAM)	创业带头人
	李园村	我们以前都是把宣纸运送到镇上或者市里去卖,要起早贪黑。后来互联网出现了,村里开始通网,就有人尝试网上卖。(LXH)	互联网
	白牛村	当时村内有人通过淘宝挣了大钱,然后我也心动了,就学着干。(YF)	互联网
	周圈村	以前都是推着车出去卖花,现在就可以坐在家里卖花木了。(JAH)	互联网
	后土营村	以前都是等着镇上商户或者外地商户来收苹果,价格压得很低,现在我们可以通过微信、淘宝自己销售,直接和客户谈价格。(LTW)	互联网

①丁楼村道路、网络等基础设施的改造均由曹县县政府统一规划和投资,该处数据是曹县县政府为电商村改造道路的总里程数。

②按照本书界定的农村电子商务产业集聚的概念和采用的淘宝村的定义,可以把一个村被评为"淘宝村"的时间节点作为该区域电子商务产业集聚正式形成的节点。因此,这里比较的收入数据是村庄成为淘宝村前后的数据。

③表 6-3～表 6-5 括号内的大写字母组合均代表受访者姓名的首字母缩写。

续表

阶段特征	村庄	代表性访谈资料整理	关键词提取
创新知识外溢	北山村	吕振鸿招聘我们去他公司上班，给我们培训，教我们怎么利用电商平台去卖产品，我们就一边上班一边学习。(LH)	边干边学
	丁楼村	家里有亲戚开始进货，在网上卖服装（演出服、校服）。我看他们都挣钱了，就也想跟着做，因为服装都是村里自己生产的，所以拿货很方便。(FS)	模仿学习
	李园村	我本来是在厂里上班，自己家也有作坊，看见有人在网上卖宣纸卖得挺好的，就辞职回来自己做，既可以挣钱还可以照顾家里。(LSM)	模仿学习
	白牛村	就一开始村内有人带头开始淘宝创业，就跟着学，后来发现在网上销售还不错。(ZJK)	模仿学习
	周圈村	一开始对开网店一点都不懂，就自己一边摸索一边学习。(YBF)	边干边学
	后土营村	知道隔壁家在微信上卖了很多箱苹果，我也尝试在微信上卖。(LF)	模仿学习
基础设施改善	北山村	村里修了路，寄快递方便多了。(LY)	物流
	丁楼村	道路修好了，小学、医院就在附近，很方便。(CWW)	道路、教育、医疗
	李园村	村里很多人家都自己盖了新楼房；路也好走了，小孩去镇上上学也很方便。(WAG)	住房、道路、教育
	白牛村	村内有好多淘宝服务站，道路也比以前好了，设施也漂亮了。(LRW)	公共基础设施
	周圈村	相较于之前，村内道路通畅了，我们也都盖了大房子了。(DTW)	道路、住房
	后土营村	村内有好几个物流站点，寄送苹果比以前方便多了。(YTH)	物流
农民收入水平提高	北山村	家里新盖了房，买了新电视、新电脑、新冰箱。(ZKL)	生活质量提高
	丁楼村	有了钱就想把生意做大，就买了厂房，自己做。(WDT)	继续投资
	李园村	比以前在外地打工挣的多了，有钱了就可以给小孩更好的教育，给家里添了许多新家电。(YL)	生活质量提高
	白牛村	相较于之前，收入提高了很多，家里也比以前条件好了。(YHC)	生活质量提高
	周圈村	现在我们家家都盖了小别墅，名牌小汽车在这里也很常见。(WT)	生活质量提高
	后土营村	苹果卖出去了，就有钱了，家里就增加了很多新家电。(ZDH)	生活质量提高

资料来源：根据调查结果和相关资料整理。

　　从对上述案例区域的调查中可以看出：在农村电子商务产业集聚的产生阶段（下文简称"产生阶段"），随着区域内电子商务创业扩散与创新知识外溢，农村电子商务得到快速发展，并有助于当地基础设施改善和农民收入提高，可见，产生阶段的电子商务产业集聚正向推动了区域经济发展。一方面，当部分农民开始通过电商创业提高收入之后，当地农民基于亲缘、地缘关系会模仿学习，从而形成了创新知识的裂变式扩散，更多的农民通过电子商务创业提高了家庭收入（Luo et al.，2019）。这也表明了产业集聚形成初期会带来人口在空间上的集中，不仅为产业集聚提供了充足的劳动力资源，也使得区域内的居民和企业能够从中获益（吴勤堂，2004）。另一方面，电子商务创业在农村区域的扩散倒逼当地政府增加基础设施投入，使得农民不仅能更好地开展网络销售，生活质量也提高了。与此同时，农村电子商务的出现使得区域内互联网的应用开始普及并逐渐覆盖，电子信息服务产业开始蓬勃发展；运输需求的扩大促使物流产业也迅速发展起来。此时，农业与信息服务产业、物流产业开始相互渗透融合，农村电子商务产业集聚逐步形成，并开始对区域经济产生正向影响。电子商务产业集聚在产生阶段正向推动区域经济发展的作用机制如图 6-2 所示。

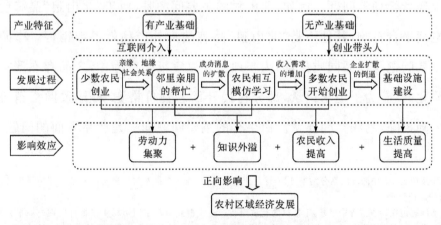

图 6-2　电子商务产业集聚在产生阶段正向推动区域经济发展的作用机制

6.4.2 成长阶段：农村电子商务产业集聚与区域经济发展相互影响

表 6-4 为 5 个样本村①的部分代表性实地访谈资料，以及提取的关键词。从这些资料的分析结果中可以获取如下信息。①逐渐形成规模和协同效应的网络产业集群是农村电子商务产业集聚成长阶段（下文简称"成长阶段"）的显著特征。例如，经过近 8 年的发展，北山村于 2014 年左右形成了"北山狼"户外用品产业集群。周圈村在 2014 年前后形成了沭阳县最大的盆景盆栽产业集群。丁家楼村也在 2015 年之后，在发展过程中逐步形成了表演服装产业集群②，不仅如此，还带动了曹县其他产业集群的形成和发展，这主要是因为表演服装产业集群的规模化效应带动了电商服务业产业链的发展（如摄影、美工、电商运营、客服、物流等），而这些服务业企业还可以服务于其他行业，因此，电子商务产业集聚的形成与区域经济发展开始产生协同发展效应。丁楼村所在的曹县目前除表演服装产业集群外，依据当地农业产业基础，还形成了木制工艺品产业集群和农副产品集群。但白牛村和李园村由于电子商务产业集聚形成的时间较晚，目前还没有形成规模化的电子商务产业集群。②所有样本村庄在成长阶段均出现了同类产品竞争或线上经营管理等问题。例如，北山村的主要问题是，由于"北山狼"品牌已经在电商平台打响，其他不是"北山狼"品牌的户外产品就很难销售。李园村的主要问题是产品同质化，因为当地主要以宣纸生产为主，产品存在严重的同质化问题，为了追求销量，部分村民开始恶性价格竞争，导致网络销售价格一降再降，利润空间骤减。白牛村的主要问题同样是产品方面的问题，首

①按照表 6-1 中的阶段划分结果可知，除后土营村外，其他 5 个样本村均经历了或正处于电子商务产业集聚的成长阶段。

②课题组在调查过程中发现，丁楼村的表演服装产业集群还带动了周边村庄很多村民在电商平台从事表演服装产业相关的创业活动；但北山村的户外用品产业集群中的相关企业主要还是集中在本村内部。

先,线上产品同质化问题比较突出,出现了本村山核桃线上价格无序竞争的状态;其次,村里部分网商为了追求自身利益,在缺乏行业监管的情况下,在网上出售质量不达标的山核桃产品。而周圈村的主要问题是销售的花木种子、盆景产品相似度较高,线上产品管理不善就会导致混淆不清、发错货等问题。③当不同问题出现后,政府、金融机构和电子商务协会等第三方服务组织给予扶持,通过提供管理技能培训、资金支持等帮助村民解决问题,对电子商务产业持续良性发展起到了积极作用。例如,北山村所在的县政府向当地村民提供电子商务的专项低息贷款,同时聘请阿里巴巴淘宝大学的电子商务创业导师给村民进行电商营销技能培训。周圈村所在的沭阳县对参加经过批准的电子商务相关培训项目给予最高每人 1000 元的资助;同时,周圈村电子商务协会从 2014 年开始就委托沭阳县当地的职业技术学校培养更多的电子商务专业人才,以求为当地电子商务的持续发展提供人才支持。丁楼村所在的曹县政府在 2018 年与阿里巴巴蚂蚁金融服务集团、浙商银行、山东省工商银行、曹县农村商业银行签订了合作协议,根据协议,这些机构于 2019 年共同向曹县投放 20 亿元电商贷款支持其电子商务产业持续发展。

表 6-4　5 个样本村的部分代表性实地访谈资料及提取的关键词(成长阶段)

阶段特征	村庄	代表性访谈资料整理	关键词提取
农村电子商务产业集群	北山村	我们主要是户外产品产业集群,目前村里大部分的村民都在进行户外产品的销售。(LT)	一个产业集群
	丁楼村	我们县有三大产业集群:农副产品集群、木制工艺品产业集群和表演服饰产业集群。(CHG)	三大产业集群
	周圈村	目前,我们县拥有全国唯一的农产品淘宝村产业集群。(ZSH)	一个产业集群

续表

阶段特征	村庄	代表性访谈资料整理	关键词提取
问题出现	北山村	"北山狼"的品牌名气很响,所以村里其他户外产品很难销售。(ZJ)	产品品牌问题
	丁楼村	贷款难,没有地方盖仓库。(ZAM)	资金、土地问题
	李园村	同质化产品导致村民恶性价格竞争,规模较小的网商开始走下坡路。(LWM)	产品同质化问题
	白牛村	业内无序竞争,经常存在质量问题或者缺斤少两问题;同时,产品销售具有季节性,在销售淡季无事可做。(WF)	产品质量问题、产品销售季节性问题
	周圈村	花种相似度高,容易混淆,经常存在发错货的情况,但一两个月后卖家才会发现。(ZLH)	产品管理问题
解决问题	北山村	政府与电子商务协会出资扶持户外用品创新,部分村民开始通过改变户外用品的设计样式等进行创新。(ZDH)	政府、电子商务协会解决
	丁楼村	政府和金融机构给予电商从业者扩大经营等相关助农优惠资金支持。(FXW)	政府、金融机构解决
	李园村	政府与电子商务协会计划将零散的网商集聚,建立产业园区,统一价格。(LXS)	政府、电子商务协会解决
	白牛村	政府和电子商务协会加强线上销售的山核桃质量监控,对村民进行培训辅导,以促进合理竞争。(GH)	政府、电子商务协会解决
	周圈村	政府和电子商务协会对农户进行培训,引导部分村民将线上产品升级,从原来的苗木转型升级为附加值更高的盆景、盆栽等。(ZTH)	政府、电子商务协会解决

资料来源:根据调查结果和相关资料整理。

　　从对上述案例区域的调查中可以看出：在成长阶段，随着同一区域内农民网商的不断集聚，区域内与电子商务相关产业和支持产业开始快速发展，并且在空间分布上不断趋向集中，区域内出现了产业分工合作，促进了农村上、下游产业链的延伸和完善。此时，农村电子商务产业集群开始出现。然而，随着农村电子商务的膨胀式发展，资源的稀缺性导致供给跟不上需求，诸如线上产品同质化、产品质量参差不齐、线上价格无序竞争、专业管理人才缺乏等各类问题逐步出现，这些问题在一定时期内对当地电子商务产业集聚会产生负面影响，使得农村电子商务产业集聚的发展速度放缓（见图 6-3）。由于农民网商企业多为家庭式的小微企业组织形式，难以通过个体力量解决上述问题。因此，一方面，一些淘宝村通过成立电子商务协会谋求主动性集体效率（曾亿武、郭红东，2016），如北山村早在 2012 年 2 月就在当地政府的支持下成立了电子商务协会。电子商务协会利用内部成员资源，通过有效的内部治理提升农村电子商务产业集群的竞争力，并通过发挥协会职能，利用外部资源，依靠协会自身能力促进区域相关资源的整合（曾亿武、郭红东，2016）。另一方面，地方政府、金融机构、教育培训机构等第三方服务部门的介入与支持，可以改善农村电子商务产业集聚中出现的土地、资金缺乏和专业管理人才缺失等问题，使得农村电子商务产业与金融产业、教育产业相融合。此时，电子商务产业集聚与当地经济发展相互影响，区域内第三方服务组织能够帮助农村电子商务产业集聚发展实现从"无序"到"有序"的过渡。可见，在成长阶段，农村电子商务产业集聚与区域经济相互影响，相互磨合。电子商务产业集聚在成长阶段与区域经济发展相互作用的机制如图6-3 所示。

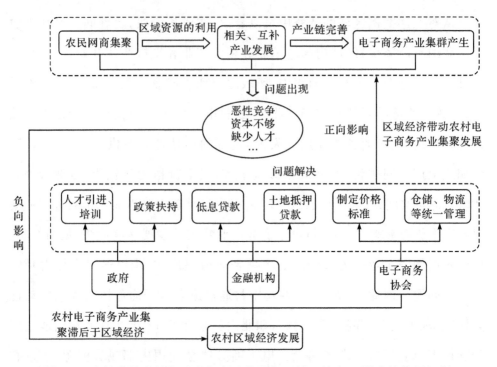

图 6-3　成长阶段农村电子商务产业集聚与区域经济相互影响的作用机制

6.4.3　成熟阶段:区域经济与农村电子商务产业集聚协同发展

表 6-5 为 3 个样本村^①的部分代表性实地访谈资料,以及提取的关键词。从这些资料的分析结果中可以获取如下信息。①在农村电子商务产业集聚的成熟阶段(下文简称"成熟阶段"),电子商务产业的核心要素(商流、物流、技术流、资金流)能够得到较为充分的发展。首先,在该阶段,农民网商或当地企业为了电子商务产业能够持续发展,需要进行产业转型升级,从而会增加对工业品的需求,如引进新型生产设备、运输工具等。例如,周圈村和北山村成为淘宝村以来,随着国内外市场的持续扩大,对产品原材料、物流包装、仓储、深加工设备的需求增加,促进了区域内商流的集聚发展。

①按照表 6-1 的阶段划分,北山村、周圈村和丁楼村均进入了农村电子商务产业集聚的成熟阶段。

其次，电子商务商流的集聚发展能够促进当地物流业、旅游业、文化业等第三产业的发展。区域内快递公司的数量不断增加，除此之外，极具特色的电商发展模式带动了当地旅游产业和文化产业的发展，提高了电子商务产业招商引资项目的吸引力。例如，截至 2018 年底，周圈村所在的新河镇已有物流公司 23 家。这些物流公司也会在村民间传播电商理念和知识，既会建立自己的 QQ 群、微信群，也会加入当地的电子商务协会群宣传物流服务，帮助村民答疑解惑，促进了当地物流产业的集聚发展。同时，周圈村因良好的电商创业文化氛围和环境吸引了大量外地大学生、返乡军人过来学习电商创业的经验和技能。再如，近年来，北山村着力推进美丽乡村建设，在村庄中央建立了一道极具电商特色文化的景观墙，用来展示多姿多彩的"北山模式"电商文化，吸引了众多游客来参观学习。丁楼村所在的大集镇电子商务产业园区 2016 入选了山东省政府电子商务重点建设项目，总投资规模达到 9 亿元，并在 2017 年完成了该项目的所有投资。再次，随着区域内的竞争日趋激烈，大小企业网商会通过技术创新提高产品的科技含量，并通过采用个性化定制和网络直播等新媒体技术吸引网络消费者，扩大线上市场。例如，丁楼村所在的曹县已经对该县三大电子商务产业集群内的核心产品进行了升级，升级路径如图 6-4 所示。②区域农村电子商务产业集聚的完成及其产生的空间溢出效应是成熟阶段的重要特征。首先，3 个样本村庄所在的县域均通过发展淘宝村、淘宝镇和电子商务产业园区等产业集群形式完成了农村电子商务产业集聚。其次，3 个淘宝村电子商务产业集聚的成熟带来了空间溢出效应，邻近的村落更容易形成淘宝村①。例如，截至

---

①课题组在实地调查中发现，安徽省泾县的第二个淘宝村为小岭村，该村位于本书案例分析的样本村李园村的隔壁。但由于李园村还处于农村电子商务产业集聚的成长阶段，因此未纳入成熟阶段的分析，但也验证了文中的观点，即在已被认定为淘宝村的村庄周围更容易形成新的淘宝村。

2019 年 6 月,北山村所在的缙云县已经拥有 11 个淘宝村、3 个淘宝镇;周圈村所在的沭阳县已经拥有 90 个淘宝村、11 淘宝镇,形成了全国最大的花木电子商务产业集群;丁楼村所在的曹县拥有 124 个淘宝村、15 淘宝镇,已形成了极具特色的表演服装、木制品、农副产品三大电子商务产业集群。缙云县、沭阳县、曹县淘宝村的数量分别占浙江省丽水市、江苏省宿迁市、山东省菏泽市淘宝村总量的 37.9%、51.7%和 43.6%。

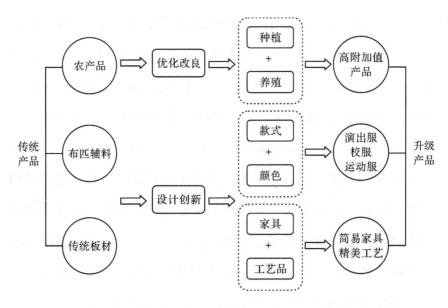

图 6-4　曹县三大产业集群核心产品的升级路径

表 6-5　3 个样本村的部分代表性实地访谈资料及提取的关键词(成熟阶段)

阶段特征	村庄	代表性访谈资料整理	关键词提取
商流	北山村	我们这个地方已经出名了,很多人会过来参观、调研、学习。(YHS)	旅游业
	周圈村	我们的村庄现在很有名。许多外来的人来到这里做电商。因为我们有成熟的产业链。(XB)	成熟产业链、吸引外来创业者
	丁楼村	我们这里会定期举办时装展,借助新媒体平台展现魅力,传播当地文化,很多人慕名而来。(HW)	旅游业、文化业

续表

阶段特征	村庄	代表性访谈资料整理	关键词提取
物流	北山村	以前北山村是我最不愿意去的地方,北山村的路途遥远且山路难走,整个村一天 10 个包裹不到。现在几家快递公司抢着来。(CGH)	物流便捷
	周圈村	我可以直接在村里向全国各地的顾客寄送包裹,很方便。(LZN)	物流便捷
	丁楼村	中通、申通、圆通、百世汇通、韵达 5 家快递物流公司在曹县皆设有快递收发点。(RQF)	物流便捷
技术流	北山村	我们开始重视创新,像产品的用途、颜色和包装,同时树立品牌意识,开始创立其他品牌。(HHS)	品牌、产品创新
	周圈村	对原先传统产品进行创新,例如,将简单木制品改造成精美工艺品。(LYS)	产品升级
	丁楼村	对产品进行升级,培训农民成为园艺师,设计不同样式的盆栽,通过网络直播等方式进行销售。(JF)	产品升级、创新
资金流	北山村	当地银行专门为我们农民提供适合我们的贷款产品,解决我们的资金问题。(CYS)	便民贷款
	周圈村	现在,我们可以轻松地从银行获得贷款以扩展我们的线上业务。对于像我这样的小农户来说,这是以前无法想象的。(LT)	便民贷款
	丁楼村	我们有自己的银行——曹县农商银行,非常适合我们,基本都能解决我们的资金问题。(RQS)	本地银行
农村电子商务产业集聚	北山村	2019 年,北山村所在的缙云县已拥有 11 个淘宝村,3 个淘宝镇。	淘宝村、淘宝镇
	周圈村	2019 年,周圈村所在的沭阳县有 90 个淘宝村,被评为十大淘宝村集群。	淘宝村集群
	丁楼村	2019 年,丁楼村所在的曹县有 124 个淘宝村,被评为十大淘宝村集群;同时还有 3 个电子商务产业园区。	淘宝村集群、产业园区

资料来源:根据调查结果和相关资料整理。

综上分析可知,在成熟阶段,区域经济的发展保持稳定的增长态势,通过已经形成的商流、物流、技术流和资金流与农村电子商务产业集聚产生良性互动,实现了农村区域的工业品下行、产品升级和电子商务产业规模的扩大。同时,在成熟阶段,农村电子商务产业集聚已经趋于完成,如人才集聚、商业集聚、物流业集聚等,规模企业不断涌现,技术创新引领区域品牌和竞争力不断升级,所在区域已打造出具有地方特色的电子商务产业园区、特色地方馆、淘宝村或淘宝镇。于是,越来越多的人想来参观和学习。此时,具有乡村特色的旅游业和文化产业也随之融合进来,加大了区域的宣传效果,提高了农村区域的知名度,增强了招商引资的吸引力。因此,在该阶段,农村电子商务产业链条日趋完整,区域内电子商务服务支撑体系逐步完善,整个电子商务商业生态体系日渐健壮(刘亚军等,2017)。综上可见,在成熟阶段,农村电子商务产业集聚主要受到农村区域经济发展的正向影响,两者正逐渐走向协同状态。成熟阶段电子商务产业集聚与区域经济协同发展的作用机制如图 6-5 所示。

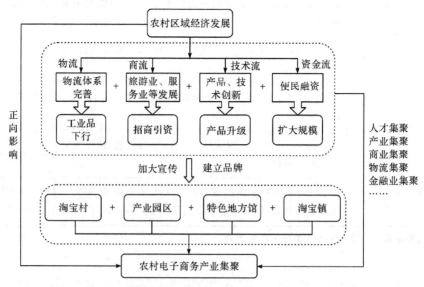

图 6-5　农村电子商务产业集聚在成熟阶段与区域经济协同发展的作用机制

6.4.4　案例分析总结

通过对样本区域的案例分析可以发现,农村电子商务产业集聚在生命周期不同阶段与区域经济的关系从不协同到相互磨合,再到协同发展,大致经历了三个阶段。①在产生阶段,农民在互联网或创业带头人的引导下进行创业扩散。此时,农村电子商务产业集聚通过劳动力集聚、知识外溢、基础设施完善和农民收入提高等效应对农村区域经济产生正向影响。②在成长阶段,相关产业、互补产业、竞争产业随之发展起来,逐步形成了完整的产业链。另外,当地政府对农民网商和农民企业发展电子商务给予配套政策扶持,有效地改善了中国农村第一产业延伸不充分、产业链不健全和第二产业加工转化率低等问题。此时,也会出现恶性竞争、人才缺乏、资本不足等问题,使得农村电子商务产业集聚的发展滞后于区域经济的发展。然而,政府和金融机构等第三方管理机构发挥了作用,保障了当地农村电子商务产业的持续良性发展。③在成熟阶段,农村区域分别通过商流、物流、技术流和资金流推动电子商务产业集聚的发展。此时,区域农村电子商务产业集聚已经趋于完成,开始以淘宝村、淘宝镇、电子商务产业园区等方式呈现,这些农村区域同时也吸引了大量的人才返乡,促进了第三产业的配套发展,使得乡村价值得到充分开发,一定程度上促进了乡村产业振兴。同时,当地为了更好地提升区域电子商务产业的竞争力,会积极采取推动技术创新、助推产品升级、管理创新等支持性政策与措施,引导和帮助企业建立产品品牌,扩大市场,从而更好地帮助农村区域内企业生产加工的产品通过电子商务渠道上行。综上所述,农村电子商务产业集聚驱动区域经济协同发展的机制如图 6-6 所示。

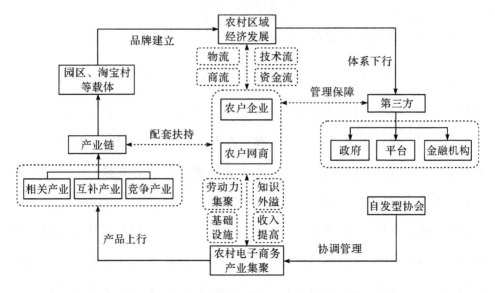

图 6-6　农村电子商务产业集聚驱动区域经济协同发展机制

6.5　本章小结

本章探讨了农村电子商务产业集聚在生命周期不同阶段（产生阶段、成长阶段和成熟阶段）与区域经济协同发展的机制，得出以下几点结论：第一，在产生阶段，农村电子商务产业集聚带动区域内各项产业发展，但区域经济的发展滞后于农村电子商务的发展，两者之间基本不协同；第二，在成长阶段，产业集群开始产生，区域内部各产业相互影响，相互扶持，同时，电子商务的快速发展带来了产品、管理等方面的问题，使得农村电子商务产业集聚的发展减缓，与区域经济的发展相互磨合；第三，在成熟阶段，农村电子商务产业的转型升级促使电子商务产业集聚完成，电子商务模式的创新和互联网信息技术的运用使得农村电子商务产业集聚与区域经济发展逐渐走向协同；第四，通过电子商务的介入，农村地区可以实现资本、技术、资源等的跨界优化配置,并通过产业集聚、技术创新、制度优化等方式,将农村区域内的农业生产、工农产品加工、销售、餐饮、物流、农村金融服务、休闲旅游等其他产业有机结合在一起,从而促进农村一、二、三产业之间的融合和协同发展。

最后,需要指出的是,本章研究仍存在一定不足。相关研究发现,中国农村电子商务发展区际差异较大,空间分布上具有沿东南向内陆扩散的特征,且集聚区域呈现地域梯度和连片化特征,东部沿海省份农村电子商务发展水平高于西部内陆省份(汤英汉,2015;朱邦耀等,2016)。此外,笔者在案例研究中发现,以发展农村第二产业为主的区域更容易在较短时期内形成大量产业集聚,而对发展第一产业为主的区域而言,农村电子商务产业集聚的进展相对较为缓慢。因此,不同地区的不同产业具体应该如何推广电子商务发展模式,仍待进一步研究。

第7章 结论与建议

针对前面章节的研究分析,本书基于相关理论以及国内外已有的文献研究,对农村电子商务产业集群现状与集聚现象、农村电子商务产业集聚与区域经济发展之间的协同机制及效应等问题进行研究。本章根据研究结果进行归纳总结,并通过本书采用的产业集群生命周期划分的三个阶段,分别提出相应的针对性建议。

7.1 研究总结

本书首先根据已有的文献和田野调查构建农村电子商务产业集群驱动集聚形成机理及其与区域经济协同发展机制;其次对我国农村电子商务产业集群发展历程及空间分布格局变化特征进行实证分析;之后通过构建空间模型对我国农村电子商务产业集聚的空间效应进行检验;接着采用耦合协调度模型分别对所选样本区域农村电子商务产业集聚与区域经济的协同度进行测算;最后从微观视角进行多案例分析。通过以上研究分析可以得出本书主要研究结论。

(1)农村电子商务产业集群驱动集聚的形成主要有两个方面四个主要

因素。

　　分别是内部优势中的资源禀赋和社会关系，以及外部发展中的创业带头和政府支持。其中通过资源禀赋可资源共享，而农村地区独特的社会关系可以达到劳动力共享，创业带头的产生使得创新知识外溢，政府的支持会促使农村电子商务技术进步，实现产业链的完善和升级，这些农村电子商务产业集群外部效应最终使得农村电子商务产业集聚形成。

　　(2)我国农村电子商务产业集群的发展分布上存在时空不均衡现象，并受到不同因素的影响。

　　首先，我国农村电子商务产业集群空间分布呈现很强的阶梯形。从数量上看，由东部地区向西部地区逐渐递减；从产业分布来看，东部地区以简单易操作的轻工业为主，中部地区主要以具有当地特色的产品为主，西部地区则主要依赖地区农副产品。

　　其次，农村电子商务产业集聚具有较强的空间正相关性，且受到县域网络销售额、经济增长率、城镇化率以及人口规模的影响。经济发展较好的地区，基础设施较为完善，交通物流也相对便利；人口规模大的地区，无论是人口数量还是人口质量都相对较高，这就有利于创业扩散、对新技术的掌握以及进行产品创新，使得农村电子商务产业起步也较早，同时扩散得也快。

　　同时，由于空间效应具有溢出性，农村电子商务产业发展扩散也会以起步早且发展好的东部沿海地区为中心开始向外逐渐扩散。

　　(3)农村电子商务产业集聚与区域经济协同发展大致分为三个阶段，且每个阶段具有不同发展特征。

　　①农村电子商务产业集聚产生阶段。在该阶段，农民可在互联网和创业带头人的引导下，进行创业扩散。此时，农村电子商务产业集聚通过劳动力集聚、知识外溢、基础设施完善和农民收入提高等效应对农村区域经济产

生正向影响。此时,农村电子商务的快速发展以及区域经济的滞后性使得两者之间发展基本不协同。

②农村电子商务产业集聚成长阶段。在该阶段,相关产业、互补产业、竞争产业随之发展,逐步形成完整的产业链,对农民网商和农民企业进行配套扶持。此时会出现恶性竞争、人才缺乏、资本不足等问题,使得农村电子商务产业集聚的发展滞后于区域经济的发展。而政府、金融机构等第三方管理机构开始发挥作用,保障当地农村电子商务继续发展,此时,两者相互影响。而相关问题的出现使得农村电子商务产业集聚发展减缓,两者相互磨合。

③农村电子商务产业集聚的成熟阶段。在该阶段,农村区域分别通过商流、物流、技术流和资金流推动农村电子商务产业集聚的发展。此时,农村电子商务集聚已经趋于完成,开始以淘宝村、电子商务产业园区等方式呈现。同时当地为更好地提升区域竞争力,通过技术创新、产品升级等相应措施,实现产品上行,并依靠第三方管理部门实现服务体系发挥的功能下行。此时,农村电子商务产业的转型升级促使农村电子商务产业集聚的完成,使得两者逐渐走向协同状态。

7.2 政策建议

基于上述的研究结论,本书分别从农村电子商务产业集聚产生阶段、成长阶段和成熟阶段三个时期提出相应的政策建议。

(1)在农村电子商务产业集聚初期产生阶段,政府应当协助完善农村基础设施、推进物流站点向乡村延伸、鼓励创业创新。

首先,需要提高农村互联网的覆盖率和普及率,做到提速降费,同时还需提高农村地区电脑、电视和手机的普及率,集中资金、技术、设施、人才等资源,降低农村电子商务运营成本。

其次,加强路况建设,推进物流配送站点向乡镇、村延伸,在县域中心建立物流产业园,统一调配管理,并在电子商务产业发展过程中及时补充原有产业和新的电子商务产业网络需要的信息网络资源、快递物流支撑、货运资源配送中心,为新经济注入新的活力。

最后,积极营造全民创新创业氛围,着力培育创业孵化条件,激发充分民主创业的动力。要积极探索资源禀赋优势,立足当地群众,实事求是,激发本地人的创业积极性,积极为创新发展提供条件,整合新形式的信息开发。

(2)在农村电子商务产业集聚成长阶段,政府应联合金融机构、高校、电子商务企业和电子商务协会等第三方机构解决农户贷款、电商人才缺乏、产品同质化等问题。

在人才方面:政府可以联合高校、电子商务企业,共建人才培训和实习基地,搭建人才供需交流平台,通过招商引资、完善人才吸引政策等形式,吸引大学生返乡创业,为农村引进电商人才。同时,需要针对农户进行素质教育,从而提高农户的素质水平。这是因为农户作为农村电子商务发展的主体,是推动农村电子商务发展的中坚力量。

在金融服务方面:可以采取土地质押或仓库抵押等方式,来消除商业银行的顾虑,使其为农户提供贷款,解决农户创业资金不足和资金周转困难等问题。

在产品同质化方面:一方面,政府和电子商务协会要制定统一价格,避免同质化问题引起的恶性价格竞争;另一方面,农户可以从产品的样式、品种、包装等方面对产品进行创新，从而实现产品的差异化，减轻同质化带来的产品滞销问题。

（3）在农村电子商务产业集聚成熟阶段，应加强品牌建设，提高产品质量，实现产品升级，同时要注重加强创新，从而形成可持续发展的生态圈。

农民要加强产品品牌建设，提高产品质量，创新产品种类、包装等，从而达到增加产品销量，增加产品盈利。一方面，农户网商要把握市场的需求，重视品牌效应，可以通过自主创建品牌，或联合创建品牌，来提升当地产品的知名度，从而扩大宣传辐射范围，扩大消费群体，扩大销售市场，来获得更多的利益。另一方面，也要加强品牌建设，提高知名度，使得在农产品发展当中实现标准化品牌化，以此来提高农产品附加值，增加农民收入。

同时，还需要合理安排村内产业链的分工，完善产品在生产、储藏、销售、运输以及售后等各方面环节，避免生产产量不足、产品库存的积压等现象的出现；同时可以建立电子商务产业园区，将村内零散的网商集中起来，实行统一管理，制定合理的价格区间，避免同村恶性价格竞争；设置物流快递点，安排人员对产品实行村内运输；完善园区内文化建设、员工生活配套、企业综合服务等方面。

参考文献

[1] Alexander B, Tatiana K, Svetlana U, et al. Formation of industrial clusters using method of virtual enterprises[J]. Procedia. Economics and finance, 2013:68-72.

[2] Andreopoulou Z, Tsekouropoulos G, Koutroumanidis T, et al. Typology for e-business activities in the agricultural sector[J]. International Journal of Business Information Systems, 2008,3(3):231-251.

[3] Asheim B, Clark G, Feldman M, et al. Industrial districts[M]. The Oxford handbook of economic geography. Oxford: Oxford University Press, 2000.

[4] Beaudry C. Growth in industrial clusters: A bird's eye view of the United Kingdom[J]. International Journal of the Economics of Business, 2001,8(3):405-436.

[5] Burke K. The impact of internet and ICT use among SME agribusiness growers and producers[J]. Journal of Small Business and Entrepreneurship, 2010,23(2):173-194.

[6] Cao R, Shen J, Zhang J, et al. Role of e-commerce association in promoting competitiveness of rural e-commerce industrial cluster[J].

Journal of Northwest A & F University, 2018,18(1):75-82.

[7] Carlos E C, Olga I M, David L R, et al. Does e-commerce help agri-cultural markets? The Case of Market Maker[J]. Choices, 2013,28 (4):1-7.

[8] Chalupa P. Synergetic conception of regional population and social-democratic processes taking place in the czech republic[J]. Geo. Jour-nal, 1993,31,(4):435-438.

[9] Clasen M, Mueller R A E. Success factors of agribusiness digital mar-ketplaces[J]. Electronic Markets, 2006,16(4):349-360.

[10] Cole E, Craig D, Allan G, et al. Which way to grow at MBC farms? [J]. Review of Agricultural Economics, 2004,26(4):589-602.

[11] Combes P, Gobillon L. The Empirics of agglomeration economies [J]. Handbook of Regional and Urban Economics, 2014:247-348.

[12] Cui M, Pan S L, Newell S, et al. Strategy, resource orchestration and e-commerce enabled social innovation in rural China[J]. Journal of Strategic Information Systems, 2017(26):13-21.

[13] David G, Gyarmati L. The empirics of agglomeration economies[J]. Handbook of Regional & Urban Economics, 2014,5(3):247-348.

[14] Eisingerich A, Falck O, Heblich S, et al. Cluster innovation along the industry lifecycle[R]. Jena Economic Research Papers(JERP). Working paper, 2008.

[15] Feldman M. The entrepreneurship event revisited: Firm formation in a regional context[J]. Industrial and Corporate Change, 2001,10 (4):861-891.

[16] Fernando M, Sarahelen T, James S E. An empirical analysis of the determinants of success of food and agribusiness e-commerce firms [J]. International Food and Agribusiness Management Review, 2007,10(1):61-81.

[17] Gan W, Thingting Z, Yuwei Z. On countermeasures of promoting agricultural products' e-commerce in China[J]. Computer and Computing Technologies in Agriculture IV IFIP Advances in Information and Communication Technology, 2011(345):579-586.

[18] Gort M, Klepper S. Time paths in the diffusion of product innovations[J]. The Economic Journal, 1982(92):630-653.

[19] Hagerstrand T. Innovation diffusion as a spatial process[M]. Chicago: University of Chicago Press, 1968.

[20] Hanlon W W, Miscio A. Agglomeration: A long-run panel data approach[J]. Journal of Urban Economics, 2017,99:1-14.

[21] Herriott R E, Firestone W A. Multisite qualitative policy research: Optimizing description and generalizability[J]. Educational Research, 1983,(12):14-19.

[22] Huang Z, Zhang X, Zhu Y. The role of clustering in rural industrialization: A case study of Wenzhou's footwear industry[J]. China Economic Review, 2008(19):409-420.

[23] Jiong M, Xu L, Huang Q, et al. Research on the e-commerce of agricultural products in Sichuan province[J]. Journal of Digital Information Management, 2013,11(2):97-101.

[24] Kong S T. E-commerce development in rural China[M]. The Chinese

Economic Transformation: Views from Young Economists. 2019.

[25] Krugman P. Increasing returns and economic geography[J]. Journal of Political Economy, 1991,99(3):483-499.

[26] Kurokawa K, Tembo F, Willem D. Challenges for the OVOP movement in sub-Saharan Africa:Insights from Malawi, Japan and Thailand[R]. JICA Research Institute, 2010.

[27] Kwak D H, Jain H. The role of web and e-commerce in poverty reduction: A framework based on ecological systems theory[C]. The Workshop on E-Business. Springer International Publishing, 2015: 143-154.

[28] Lee D P W, Mueller J. Junpu taobao village—A validation of porter's diamond model[J], Journal of Asia Entrepreneurship and Sustainability, 2017,13(1):51-72.

[29] Leroux N, Wortman M S, Mathias E D. Dominant factors impacting the development of business-to-business (B2B) e-commerce in agriculture[J]. International Food and Agribusiness Management Review, 2001(4):205-218.

[30] Li A H. E-commerce and taobao villages. A promise for China's rural development? [J]. China Perspectives, 2017,2017(3):57-62.

[31] Luo X, C Niu, E-Commerce participation and household income growth in taobao villages [R]. World Bank, Working Paper, 2019:198.

[32] Maggioni M A. The rise and fall of industrial clusters technology and the life cycle of region[R]. Institut d'Economia de Barcelona(IEB).

Working Papers,2004.

[33] Malecki E J. The Role of networks in small firm competitiveness[J]. International Journal of Technical Management, 1996(11):43-57.

[34] Manouselis N. A Survey of Greek agricultural e-markets[J]. Agricultural Economics Review, 2009,10(1):97-112.

[35] Marshall A. Principles of economics: An introductory volume[J]. Social Science Electronic Publishing, 1920,67(1742):457.

[36] Marshall A. The principles of economies[M]. London: Maemillan, 1920.

[37] Mueller R A E. E-commerce and entrepreneurship in agricultural markets[J]. American Journal of Agricultural Economics, 2001,83 (5):1243-1249.

[38] Mueller R A E. Emergent e-commerce in agriculture[R]. AIC Issues Brief, University of California, 2000,12(14):1-8.

[39] Porter M E. Competitive advantage of nations[J]. Competitive Intelligence Review, 1990,1(1):14-14.

[40] Porter M E. Competitive strategy: Techniques for analyzing industries and competitors[M]. New York: The Free Press, 2008.

[41] Porter M E. Clusters and the new economics of competition[J]. Harvard Business Review, 1998(6):78-84.

[42] Qi J, Zheng X, Guo H. The formation of taobao villages in China [J]. China Economic Review, 2018,53:106-127.

[43] Qi Y, Li C, Deng H, et al. A deep neural framework for sales forecasting in e-commerce[C]. Conference on Information and Knowledge Management, 2019:299-308.

[44] Sabyasachi T. Do large agglomerations lead to economic growth? Evidence from urban India[J]. Review of Urban & Regional Development Studies, 2013,23(3):176-200.

[45] Shanmuga V N. E-Commerce Framework to Improve Rural Agriculture Sector in Cambodia[C]. International Conference on E-Business, Management an Economics, IPEDR, 2011(25):287-291.

[46] Stritto G D, Schiraldi M M. A Strategy Oriented Framework For Food and Beverage E-supply Chain Management[J]. International Journal of Engineering Business Management, 2013,50(5):1-12.

[47] Thysen I. Agriculture in the information society[J]. Journal of Economic Behavior and Organization, 2000,76(3):297-303.

[48] Tichy G. Clusters: Less dispensable and more risky than ever clusters and regional specialisation[M]. London: Pion Limited, 1998.

[49] Tsekouropoulos G, Andreopoulou Z, Secretaries A, et al. Optimising e-marketing criteria for customer communication in food and drink sector in Greece[J]. International Journal of Business Information Systems, 2012,9(1):1-25.

[50] Wang P. Research on Dynamic mechanism of e-commerce industrial cluster development in China's rural area[J]. Chongqing Social Sciences, 2017(9):61-67.

[51] Wang T, Huang L. An empirical study on the relationship between agricultural science and technology input and agricultural economic growth based on e-commerce model[J]. Sustainability, 2018, 10 (12).

［52］ Wen M. E-commerce, productivity and fluctuation［J］. Journal of Agricultural Engineering Research，2004,55(2):187-206.

［53］ Wilson P. An Overview of developments and prospects for e-commerce in the agricultural sector［R］. European Commission，Agriculture Directorate-General. 2000.

［54］ Yin R K. Case study research design and methods［M］. CA：SAGE Publications，1984.

［55］ Zeng Y, Guo H, Yao Y, et al. The formation of agricultural e-commerce clusters：A case from China［J］. Growth and Change, 2019,50(4): 1356-1374.

［56］ 白冬冬,孙中伟.我国淘宝村的空间组织与地理根植性［J］.世界地理研究,2019,28(1):124-132.

［57］ 曹玲玲,秦小丽,吴宪霞.提升"淘宝村"集群效应的影响因素分析［J］.江苏农业科学,2017,45(12):311-315.

［58］ 曹荣庆,沈俊杰,张静.电商协会提升农村电商产业集群竞争力的作用［J］.西北农林科技大学学报(社会科学版),2018,18(1):75-82.

［59］ 陈刚."PPP政策"下农村电商服务民生模式创新［J］.西北农林科技大学学报(社会科学版),2016,16(3):130-135.

［60］ 陈宏伟,张京祥.解读淘宝村:流空间驱动下的乡村发展转型［J］.城市规划,2018,42(9):99-107.

［61］ 陈旭堂,余国新,朱磊.基于钻石模型的县域农村电子商务发展要素分析——以浙江遂昌为例［J］.农村经济,2018(5):93-98.

［62］ 陈雪梅,赵珂.中小企业群形成的方式分析［J］.暨南学报(哲学社会科学版),2001,23(2):68-73.

［63］陈雁云，朱丽萌，习明明.产业集群和城市群的耦合与经济增长的关系
　　　［J］.经济地理，2016，36（10）：117-122.

［64］陈宇.运用共享经济理念优化农村电商发展模式［J］.人民论坛，2019
　　　（23）：88-89.

［65］崔凯.开放经济下鞍山市发展跨境电商平台对策分析［J］.经贸实践，
　　　2018（22）：22-23.

［66］崔丽丽，王骊静，王井泉.社会创新因素促进"淘宝村"电子商务发展的
　　　实证分析——以浙江丽水为例［J］.中国农村经济，2014（12）：50-60.

［67］刁贝娣，陈昆仑，丁镭，等.中国淘宝村的空间分布格局及其影响因素
　　　［J］.热带地理，2017，37（1）：56-65.

［68］董坤祥，侯文华，甄杰，等.电子信息产业集群创新的系统动力学分析
　　　［J］.软科学，2016，30（9）：5-10.

［69］董运生，傅园园.合法性悖论：淘宝村民间团体的生存困境［J］.江海学
　　　刊，2016（4）：100-108.

［70］范斐，孙才志.辽宁省海洋经济与陆域经济协同发展研究［J］.地域研
　　　究与开发，2011，30（2）：59-63.

［71］范林榜.农村电子商务快递下乡配送问题与对策研究［J］.农村经济，
　　　2016（9）：121-124.

［72］范轶琳，姚明明，吴卫芬.中国淘宝村包容性创新的模式与机理研究
　　　［J］.农业经济问题，2018，000（12）：118-127.

［73］方莹，袁晓玲.精准扶贫视角下农村电商提升农户收入的实现路径研
　　　究［J］.西安财经学院学报，2019，32（4）：92-99.

［74］房冠辛.中国"淘宝村"：走出乡村城镇化困境的可能性尝试与思
　　　考——一种城市社会学的研究视角［J］.中国农村观察，2016（3）：71-

81,96-97.

[75] 付韬,张永安.产业集群生命周期理论探析[J].华东经济管理,2010,24(6):57-61.

[76] 高更和,石磊.专业村形成历程及影响因素研究——以豫西南 3 个专业村为例[J].经济地理,2011,31(7):165-170.

[77] 顾祎睍.协同创新的理论模式及区域经济协同发展分析[J].理论探讨,2013(5):95-98.

[78] 郭承龙.农村电子商务模式探析——基于淘宝村的调研[J].经济体制改革,2015(5):110-115.

[79] 郭红东,曲江,刘晔虹,等.山东曹县电子商务促进乡村振兴发展报告[R/OL].浙江大学中国农村发展研究院(CARD)农村电商研究中心,2019.

[80] 郭军明.我国农村电子商务发展策略浅析[J].安徽农业科学,2009(24):446-447,454.

[81] 郭治安,沈小峰.协同论[M].太原:山西经济出版社,1991.

[82] H.哈肯.协同学:引论[M].北京:原子能出版社,1984.

[83] H.哈肯.高等协同学[M].郭治安,译.北京:科学出版社,1989.

[84] 韩庆龄.从"脱嵌"到"嵌入":农村电商产业与土地秩序的关系博弈[J].现代经济探讨,2019(2):107-112.

[85] 郝金磊,邢相炀.基于农民参与视角的农村电子商务发展影响因素研究[J].西安电子科技大学学报(社会科学版),2016(5):14-20.

[86] 浩飞龙,关皓明,王士君.中国城市电子商务发展水平空间分布特征及影响因素[J].经济地理,2016(2):1-10.

[87] 何颖,齐亚伟,徐志琴.电子信息产业与交通运输业耦合发展的实证测

度研究[J].管理世界,2015(10):182-183.

[88] 贺小荣,胡强盛.湖南省旅游产业集群与区域经济的互动机制[J].经济地理,2018,38(7):209-216.

[89] 洪卫,崔鹏.交易平台、专用知识与柔性生产关系的实证研究——基于曹县淘宝村调研[J].中国流通经济,2017,1(31):122-128.

[90] 胡晓杭.完善电商服务体系满足农村电商多元化发展[J].浙江大学学报(人文社会科学版),2017,47(1):55.

[91] 华慧婷,郝渊晓.基于利润最大化的农村电商物流模式选择[J].中国流通经济,2018,32(4):70-76.

[92] 黄云平,冯秋婷,张作兴,等.发展农村电子商务推动精准扶贫[J].理论视野,2016(10):73-77.

[93] 霍影.战略性新兴产业集群与区域经济空间耦合发展效率测度方法研究[J].统计与信息论坛,2012,27(10):78-83.

[94] 贾根良,张峰.传统产业的竞争力与地方化生产体系[J].中国工业经济,2001,19(9):46-52.

[95] 贾浩杰,杨思琪,孙柳,等.保定市西部山区农业电子商务发展现状及对策研究[J].财富生活,2019(20).

[96] 科斯.企业、市场、法律[M].上海:上海三联书店,1988:98-99.

[97] 雷兵,刘蒙蒙.农村电子商务产业集群的形成机制——基于典型淘宝村的案例分析[J].科技管理研究,2017,37(11):177-184.

[98] 雷兵.农村电子商务发展与地方经济的关系——基于中国1870个县数据[J].当代经济管理,2018,40(2):41-47.

[99] 李红琳.东北地域渔猎民族传统聚居空间研究[D].哈尔滨:哈尔滨工业大学,2018.

[100] 李连梦,吴青.电子商务能促进农村脱贫减贫吗?——基于贫困户与非贫困户的比较[J].哈尔滨商业大学学报(社会科学版),2020(2):67-83.

[101] 李琳,刘莹.区域经济协同发展的驱动机制探析[J].当代经济研究,2015(5):67-73.

[102] 李玲芳,徐思远,洪占卿.农村电子商务:问题与对策[J].中共福建省委党校学报,2013(5):70-74.

[103] 李梦雨.普惠金融对"一带一路"沿线国家经济增长的影响——基于空间计量模型的实证研究[J].当代经济管理,2019,41(5):76-84.

[104] 李秋斌."互联网+"下农村电子商务扶贫模式的案例研究及对策分析[J].福建论坛(人文社会科学版),2018(3):179-188.

[105] 李谭,王利,王瑜.辽宁省港口物流效率及其与腹地经济协同发展研究[J].经济地理,2012,32(9):108-113.

[106] 李小建,罗庆,杨慧敏.专业村类型形成及影响因素研究[J].经济地理,2013,33(7):1-8.

[107] 李晓钟,王莹.我国物联网产业协同发展机制及系统协同度评价研究[J].软科学,2015,29(1):42-46,59.

[108] 李新春.企业家协调与企业集群——对珠江三角洲专业镇企业集群化成长的分析[J].战略管理,2000,12(3):49-55.

[109] 李育林,张玉强.我国地方政府在"淘宝村"发展中的职能定位探析——以广东省军埔村为例[J].科技管理研究,2015,35(11):174-178.

[110] 李志刚.扶植我国农村电子商务发展的条件及促进对策分析[J].中国科技论坛,2007(1):123-126.

[111] 李志刚.中国商业银行综合化经营战略的实施研究[J].金融论坛,

2012(9):4-11.

[112] 梁强,邹立凯,杨学儒,等.政府支持对包容性创业的影响机制研究——基于揭阳军埔农村电商创业集群的案例分析[J].南方经济,2016(1):42-56.

[113] 林海英,解玮,侯淑霞.基于 EST 和 SLA 理论框架的贫困地区农村电商减贫效果研究述评[J].商业经济研究,2019(5):114-117.

[114] 林金忠.聚集经济与国有企业规模结构优化[J].财经研究,2001,27(4):12-18.

[115] 凌守兴.我国农村电子商务产业集群形成及演进机理研究[J].商业研究,2015(1):104-109.

[116] 刘杰,郑风田.社会网络、个人职业选择与地区创业集聚——基于东风村的案例研究[J].管理世界,2011(6):132-141.

[117] 刘静娴,沈文星.共建共治视角下农村电商发展模式研究[J].人民论坛·学术前沿,2018(19):100-103.

[118] 刘可,庞敏,刘春晖.四川农村电子商务发展情况调查与思考[J].农村经济,2017(12):108-113.

[119] 刘可.农村电子商务发展探析[J].经济体制改革,2008(6):171-174.

[120] 刘维.河南省农村电子商务产业集群的形成机制研究——以光山县为例[J].农村经济与科技,2020,31(1):188-191.

[121] 刘晓阳,丁志伟,黄晓东,等.中国电子商务发展水平空间分布特征及其影响因素——基于 1915 个县(市)的电子商务发展指数[J].经济地理,2018,38(11):11-21,38.

[122] 刘亚军,陈进,储新民."互联网＋农户＋公司"的商业模式探析——来自"淘宝村"的经验[J].西北农林科技大学学报(社会科学版),

2016,16(6):87-93.

[123] 刘亚军,储新民.中国"淘宝村"的产业演化研究[J].中国软科学,2017(2):29-36.

[124] 刘玉来.论我国农村电商主体的培育[J].烟台大学学报(哲学社会科学版),2018,31(4):115-122.

[125] 刘玉振,周灿,乔家君.欠发达农区特色种植空间扩散研究——以河南省大营村为例[J].经济地理,2012,32(2):116-120.

[126] 柳思维.发展农村电商加快农村流通体系创新的思考[J].湖南社会科学,2017(2):108-114.

[127] 楼健,胡大平.淘宝村、实时城市化和新型城镇化实践[J].学术研究,2018(5):58-62.

[128] 卢小平.县域农村电子商务服务体系重复建设问题及其应对[J].河南大学学报(社会科学版),2018,58(2):16-21.

[129] 罗伯特·K.殷(Robert K. Yin).案例研究:设计和方法[M].5版.重庆:重庆大学出版社,2019.

[130] 罗庆.欠发达农村社区农户社会互动研究——以河南省东部3个专业村为例[M].北京:经济科学出版社,2014.

[131] 骆莹雁.浅析我国农村电子商务的发展和应用——以沙集淘宝村为例[J].中国商贸,2014(1):72-73.

[132] 吕丹.基于农村电商发展视角的农村剩余劳动力安置路径探析[J].农业经济问题,2015(3):62-68.

[133] 马小雅.广西农村电商物流发展对策[J].开放导报,2016(5):77-80.

[134] 买忆媛,彭一林,乔俊杰.创业活动与产业集群不同发展阶段之间的相互关系[J].科学学与科学技术管理,2007(4):161-164.

[135] 梅燕,蒋雨清.乡村振兴背景下农村电商产业集聚与区域经济协同发展机制——基于产业集群生命周期理论的多案例研究[J].中国农村经济,2020(6):56-74.

[136] 孟寒,严兵.产业集聚对中国企业对外直接投资的影响[J].世界经济研究,2020(4):95-106,137.

[137] 孟昭华.关于协同学理论和方法的哲学依据与社会应用的探讨[J].系统辩证学学报,1997,5(2):32-33.

[138] 慕继丰,冯宗宪,李国平.基于企业网络的经济与区域发展理论[J].外国经济与管理,2001,23(4):28-29.

[139] 穆燕鸿,王杜春.农村电子商务模式构建及发展对策——以中国黑龙江省为例[J].世界农业,2016(6).

[140] 聂磊.农村电子商务的创新突破点在哪里[J].人民论坛,2017(35):71-73.

[141] 钮钦.中国农村电子商务政策文本计量研究——基于政策工具和商业生态系统的内容分析[J].经济体制改革,2016(4):25-31.

[142] 彭芬,刘璐琳.农村电子商务扶贫体系构建研究[J].北京交通大学学报(社会科学版),2019,18(1).

[143] 彭瑞梅,邢小强.数字技术赋权与包容性创业——以淘宝村为例[J].技术经济,2019,38(5):79-86.

[144] 仇保兴.小企业集群研究[M].上海:复旦大学出版社,1999:34-37.

[145] 邱晓姣.产业集群与区域经济发展探究[J].财会学习,2018(19):203-204.

[146] 邱泽奇.三秩归一:电商发展形塑的乡村秩序——菏泽市农村电商的案例分析[J].国家行政学院学报,2018(1):47-54.

[147] 任晓聪,和军.我国农村电子商务的发展态势、问题与对策路径[J].现代经济探讨,2017(3):45-49.

[148] 任晓晓.淘宝村时空演变特征、区域效应及不同发展路径对比分析[D].石家庄:河北师范大学,2019.

[149] 阮建青,张晓波,卫龙宝.不完善资本市场与生产组织形式选择——来自中国农村产业集群的证据[J].管理世界,2011(8):79-91.

[150] 芮明杰.产业经济学[M].上海:上海财经大学出版社,2005.

[151] 单建树,罗震东.集聚与裂变——淘宝村、镇空间分布特征与演化趋势研究[J].上海城市规划,2017(2):98-104.

[152] 邵晓兰,高峻.旅游地生命周期研究现状和展望[J].旅游学刊,2006(6):76-82.

[153] 邵占鹏.规则与资本的逻辑:淘宝村中农民网店的型塑机制[J].西北农林科技大学学报(社会科学版),2017,17(4):74.

[154] 沈正平,刘海军,蒋涛.产业集群与区域经济发展探究[J].中国软科学,2004(2):120-124.

[155] 盛虎宜,刘长石,鲁若愚.基于共同配送策略的农村电商集送货一体化车辆路径问题[J].系统工程,2019,37(3):98-104.

[156] 史修松,魏拓,刘琼.农村电子商务产业集群发展模式与空间涉及差异研究——江苏淘宝村的调查[J].现代经济探讨,2017(11):118-125.

[157] 舒林."淘宝村"发展的动力机制、困境及对策[J].经济体制改革,2018(3):79-84.

[158] 宋凤轩,孙颖鹿,宋宝琳.产业集聚对城乡居民消费的影响研究——基于动态空间面板模型[J].现代财经(天津财经大学学报),2020,40

(5):74-84.

[159] 孙浩翔,李湘黔,孟斌斌,等.军民融合创新示范区产业集聚问题与对策[J].国防科技,2020,41(1):1-9.

[160] 孙丽芝,曹瑄玮.区域经济转型中集群构建与创业人才培育[J].经济问题,2013(9):97-100.

[161] 孙湘,朱静.基于生命周期理论的产业集群可持续发展研究[J].科技管理研究,2010,30(24):174-177.

[162] 汤英汉.中国电子商务发展水平及空间分异[J].经济地理,2015,35(5):9-14.

[163] 唐承丽,陈伟杨,吴佳敏,等.长江经济带开发区空间分布与产业集聚特征研究[J].地理科学,2020,40(4):657-664.

[164] 唐跃桓,杨其静,李秋芸,等.电子商务发展与农民增收——基于电子商务进农村综合示范政策的考察[J].中国农村经济,2020(6):75-94.

[165] 田晖.金融产业集群影响区域经济增长的实证研究——以广东21个地市为例[J].科技管理研究,2015,335(13):158-162.

[166] 田勇,殷俊.互联网进村的减贫效果评估及其机制分析——基于农村电商创业热潮的背景[J].现代经济探讨,2019,446(2):104-112.

[167] 田真平,谢印成.创业导向下的我国农村电子商务产业集群演进机理研究[J].科技管理研究,2017,37(12):182-188.

[168] 屠凤娜,杨智华.论产业集群的基本分类[J].环渤海经济瞭望,2007(2):47-50.

[169] 万倩雯,卫田,刘杰.弥合社会资本鸿沟:构建企业社会创业家与金字塔底层个体间的合作关系——基于LZ农村电商项目的单案例研究

[J].管理世界,2019,35(5):179-196.

[170] 汪向东,梁春晓."新三农"与电子商务[M].北京:中国农业科学技术出版社,2014.

[171] 汪向东.淘宝村与电商新变局[J].中国科技财富,2016(1):19-20.

[172] 王春,李环.四类产业集群信息体制模式差异的研究[J].科技管理研究,2016,36(18):150-153.

[173] 王海龙,司爱丽.农村电子商务发展构想[J].安徽农业科学,2007(2):38-40.

[174] 王缉慈.创新的空间——企业集群与区域发展[M].北京:北京大学出版社,2001:67-68.

[175] 王俊文.我国农村电子商务发展趋势与路径选择——以江西赣南A市为例[J].求索,2016(10):85-89.

[176] 王林申,运迎霞,倪剑波.淘宝村的空间透视——一个基于流空间视角的理论框架[J].城市规划,2017,41(6):27-34.

[177] 王沛栋.韩国农村建设运动对我国农村电子商务发展启示[J].河南社会科学,2017,25(12):59-63.

[178] 王沛栋.我国农村电子商务发展的问题与对策[J].中州学刊,2016(9).

[179] 王婷,王海天.高技术产业集聚度与生态环境耦合关系演化研究[J].科技进步与对策,2020,37(15):44-53.

[180] 王小兵,康春鹏,董春岩.对"互联网+"现代农业的再认识[J].农业经济问题,2018(10):33-36.

[181] 王昕天,康春鹏,汪向东.电商扶贫背景下贫困主体获得感影响因素研究[J].农业经济问题,2020(3):112-124.

[182] 王新春,戚桂杰,梁乙凯.农村电子商务创业的演进机制——以博兴湾头村为例[J].科技管理研究,2016,36(23):249-253.

[183] 王雅芬.基于产业集群生命周期的技术创新研究[J].商业经济与管理,2007(5):23-28.

[184] 王盈盈,谢漪,王敏.精准扶贫背景下农村电商关系网络与地方营造研究——以广东省五华县为例[J].世界地理研究,2017,26(6):119-130.

[185] 王滢,张瑞东.县域电商促进传统产业集群升级的演进路径研究[J].科技管理研究,2017,37(20):135-140.

[186] 韦伯.工业区位论[M].北京:商务印书馆,1997.

[187] 魏守华.产业群的动态研究以及实证分析[J].世界地理研究,2002(3):16-24.

[188] 魏晓蓓,王淼."互联网+"背景下全产业链模式助推农业产业升级[J].山东社会科学,2018,278(10):169-174.

[189] 吴娜琳,李小建,乔家君.农户行为与专业村形成的关系研究——以河南省柘城县史老八杨木加工专业村为例[J].地理科学,2014,34(3):322-331.

[190] 吴鹏,常远,穆怀中.产业集聚的经济福利效应研究——基于居民福利最大化视角[J].中国经济问题,2020(3):19-29.

[191] 吴勤堂.产业集群与区域经济发展耦合机理分析[J].管理世界,2004(2):133-134.

[192] 吴晓波,黄灿,吴东,等.包容性创新和增长:中国涉农电子商务发展研究[R/OL].电商大数据库,http://www./100ec.cn/index/dsb_product.html,2014.

[193] 武荣伟,周亮,康江江,等.中国县域电子商务发展空间格局及影响因

素[J].干旱区资源与环境,2018(2):65-69.

[194] 武晓钊.农村电子商务与物流配送运营服务体系建设[J].中国流通经济,2016(30):99-104.

[195] 肖怀德.文化创意产业集聚:超越传统"产业集聚"的路径探索[J].现代传播(中国传媒大学学报),2014,36(4):114-117.

[196] 谢天成,施祖麟.农村电子商务发展现状、存在问题与对策[J].现代经济探讨,2016(11):40-44.

[197] 辛向阳,乔家君.淘宝村集聚的时空演变及形成机制[J].地域研究与开发,2018,37(1):11-15,30.

[198] 徐华.社区型商铺:投资新热点[J].现代工商,2005(4):51-51.

[199] 徐康宁.开放经济中的产业集群与竞争力[J].中国工业经济,2001,24(11):22-27.

[200] 徐智邦,王中辉,周亮.中国"淘宝村"的空间分布特征及驱动因素分析[J].经济地理,2017,37(1):107-114.

[201] 许庆明,盛其红,黄晖.产业集群发展的可持续性[J].经济理论与经济管理,2003(11):39-42.

[202] 许小桦,雷国铨.福建安溪茶产业集群形成机制研究[J].北京农业职业学院学报,2019,33(6):34-38.

[203] 薛洲,耿献辉.电商平台、熟人社会与农村特色产业集群——沙集"淘宝村"的案例[J].西北农林科技大学学报(社会科学版),2018,18(5):52-60.

[204] 严建援,甄杰,董坤祥,等.区域协同发展下创新资源集聚路径和模式研究——以天津市为例[J].华东经济管理,2016,30(7):1-7,193.

[205] 杨公朴,夏大慰.产业经济学教程(修订版)[M].上海:上海财经大学

出版社.2002:17-28.

[206] 姚庆荣.我国农村电子商务发展模式比较研究[J].现代经济探讨，2016(12):64-67.

[207] 于海云,汪长玉,赵增耀.乡村电商创业集聚的动因及机理研究——以江苏沐阳"淘宝村"为例[J].经济管理,2018,40(12):41-56.

[208] 于红岩,夏雷淙,李明,等.农村电商O2O模式研究——以"邮掌柜O2O平台"为例[J].西安电子科技大学学报(社会科学版),2015,25(6):18-26.

[209] 于小燕.我国农村电子商务发展现状与对策[J].经济导刊,2009(12):68-69.

[210] 余传明,郭亚静,龚雨田,等.基于主题时间模型的农村电商扶贫政策演化及地区差异分析[J].数据分析与知识发现,2018,2(7).

[211] 俞国军,贺灿飞,朱晟君.产业集群韧性:技术创新、关系治理与市场多元化[J].地理研究,2020,39(6):1343-1356.

[212] 喻登科,涂国平,陈华.战略性新兴产业集群协同发展的路径与模式研究[J].科学学与科学技术管理,2012,33(4):114-120.

[213] 岳欣.推进我国农村电子商务的发展[J].宏观经济管理,2015(11):66-67.

[214] 岳娅,王国贤.云南农村电子商务扶贫的对策建议[J].宏观经济管理,2018,415(7):75-80.

[215] 曾亿武,蔡谨静,郭红东.中国"淘宝村"研究:一个文献综述[J].农业经济问题,2020(3):102-111.

[216] 曾亿武,郭红东,金松青.电子商务有益于农民增收吗?——来自江苏沐阳的证据[J].中国农村经济,2018(2):50-64.

[217] 曾亿武,郭红东.电子商务协会促进淘宝村发展的机理及其运行机制——以广东省揭阳市军埔村的实践为例[J].中国农村经济,2016(6):51-60.

[218] 曾亿武,郭红东.农产品淘宝村集群的形成及对农户收入的影响研究——以江苏沭阳为例[M].北京:中国农业出版社,2019.

[219] 曾亿武,郭红东.农产品淘宝村形成机理:一个多案例研究[J].农业经济问题,2016,37(4):39-111.

[220] 曾亿武,邱东茂,郭红东.集群社会资本影响农户网店经营绩效的机理分析[J].西北农林科技大学学报(社会科学版),2017,17(4):67-73.

[221] 曾亿武,邱东茂,沈逸婷,等.淘宝村形成过程研究:以东风村和军埔村为例[J].经济地理,2015,35(12):90-97.

[222] 张宸,周耿.淘宝村产业集聚的形成和发展机制研究[J].农业经济问题,2019(4):108-117.

[223] 张洪潮,赵丽洁.产业集群与区域经济耦合效应的评价[J].统计与决策,2013(5):58-60.

[224] 张鸿,刘修征."互联网+"背景下农村电子商务发展路径探析——以陕西省为例[J].江苏农业科学,2018,46(5):324-328.

[225] 张嘉欣,千庆兰,陈颖彪,等.空间生产视角下广州里仁洞"淘宝村"的空间变迁[J].经济地理,2016,36(1):120-126.

[226] 张嘉欣,千庆兰,姜炎峰,等.淘宝村的演变历程与空间优化策略研究——以广州市里仁洞村为例[J].城市规划,2018,42(9):110-117.

[227] 张嘉欣,千庆兰.信息时代下"淘宝村"的空间转型研究[J].城市发展研究,2015,22(10):81-84,101.

[228] 张晶.产业集聚对于城市经济效率的影响机制分析[J].商业经济研究,2020(9):176-180.

[229] 张琴.农村电子商务的集聚机制及其发展路径研究[J].农业经济,2020(3):143-144.

[230] 张庆民,孙树垒,吴士亮,等.淘宝村农户网商群体持续成长演化研究[J].农业技术经济,2019(1):121-134.

[231] 张天泽,张京祥.乡村增长主义:基于"乡村工业化"与"淘宝村"的比较与反思[J].城市发展研究,2018,25(6):112-119.

[232] 张耀辉,齐玮娜.互联网背景下专业镇企业的转型机制、障碍及破解研究——兼对揭阳军埔"淘宝村"跨行业转型案例分析[J].产经评论,2015(4):80-96.

[233] 张英男,龙花楼,屠爽爽,等.电子商务影响下的"淘宝村"乡村重构多维度分析——以湖北省十堰市郧西县下营村为例[J].地理科学,2019,39(6):947-956.

[234] 张正荣,杨金东.乡村振兴视角下农村电商如何优化"工业品下行"路径——基于"双链"耦合机制的扎根研究[J].农业经济问题,2019(4):118-129.

[235] 张志伟.京津冀流通网络与区域经济协同发展的问题探讨[J].商业经济研究,2019(4):24-26.

[236] 张治栋,王亭亭.产业集群、城市群及其互动对区域经济增长的影响——以长江经济带城市群为例[J].城市问题,2019,282(1):57-64.

[237] 赵春玲.产业集群视域下区域经济协同发展的战略探讨[J].现代经济信息,2017(20):467-468.

[238] 赵广华.农村电子商务协同集配系统的构建[J].物流技术,2018,37(12):14-19.

[239] 赵军阳,丁疆辉,王新宇.不同尺度下中国"淘宝村"时空分布及演变特征[J].世界地理研究,2017(6):75-84.

[240] 赵璐.推动创新型产业集群发展的四个着力点[J].科技中国,2020(6):4-7.

[241] 赵婷婷,许梦博.产业集聚影响区域创新的机制与效应——基于中国省级面板数据的实证检验[J].科学管理研究,2020,38(1):83-88.

[242] 郑新煌,孙久文.农村电子商务发展中的集聚效应研究[J].学习与实践,2016(6):28-37.

[243] 郑亚琴,郑文生.信息化下农业电子商务的发展及政府作用[J].情报杂志,2007,26(2):96-98.

[244] 郑英隆,潘伟杰.农村电子商务发展与村民信息消费成长效应[J].福建论坛(人文社会科学版),2015(11):25-30.

[245] 植凤寅.小贷公司突围[J].中国金融,2016(13):92-95.

[246] 钟海东,张少中,华灵玲,等.中国C2C电子商务卖家空间分布模式[J].经济地理,2014,34(4).

[247] 周大鸣,向璐.社会空间视角下"淘宝村"的生计模式转型研究[J].吉首大学学报(社会科学版),2018,39(5):11-21.

[248] 周冬,叶睿.农村电子商务发展的影响因素与政府的支持——基于模糊集定性比较分析的实证研究[J].农村经济,2019(2):110-116.

[249] 周劲波,郑艺杰.农村电商创业胜任力模型的构建与实证研究[J].当代经济管理,2017,39(10):23-31.

[250] 周静,杨紫悦,高文.电子商务经济下江苏省淘宝村发展特征及其动

力机制分析[J].城市发展研究,2017,(2):9-14.

[251] 周应恒,刘常瑜."淘宝村"农户电商创业集聚现象的成因探究——基于沙集镇和颜集镇的调研[J].南方经济,2018(1):62-84.

[252] 朱邦耀,宋玉祥,李国柱,等.C2C 电子商务模式下中国"淘宝村"的空间聚集格局与影响因素[J].经济地理,2016(4):92-98.

[253] 朱永达,张涛,李炳军.区域产业系统的演化机制和优化控制[J].管理科学学报,2001(3):73-78.

附　　录

附录一　2013—2019 年各区域农村
电子商务产业集聚水平

附表 1　2013 年中国各省(自治区、直辖市)农村电子商务产业集聚水平

省(自治区、直辖市)	市(地区)级	区(县)级	镇级
河北	0.50	0.50	0.50
江苏	0.50	0.50	0.50
浙江	0.22	0.22	0.17
福建	0.50	0.50	0.50
江西	1.00	1.00	1.00
山东	0.50	0.50	0.38
广东	0.50	0.50	0.50

数据来源:根据 2013 年淘宝村数据计算得到。

附表 2　2014 年中国各省(自治区、直辖市)农村电子商务产业集聚水平

省(自治区、直辖市)	市(地区)级	区(县)级	镇级
天津	1.00	1.00	1.00
河北	0.42	0.13	0.18
江苏	0.18	0.11	0.08
浙江	0.16	0.07	0.04
福建	0.47	0.13	0.08
山东	0.50	0.50	0.37
河南	1.00	1.00	1.00
湖北	1.00	1.00	1.00
广东	0.27	0.11	0.07
四川	1.00	1.00	1.00

注:2014 年天津、河南、湖北、四川开始出现淘宝村。

数据来源:根据 2014 年淘宝村数据计算得到。

附表3　2015年中国各省(自治区、直辖市)农村电子商务产业集聚水平

省(自治区、直辖市)	市(地区)级	区(县)级	镇级
北京	1.00	1.00	1.00
天津	0.56	0.56	0.33
河北	0.27	0.10	0.05
辽宁	1.00	1.00	1.00
吉林	1.00	1.00	1.00
江苏	0.16	0.09	0.04
浙江	0.14	0.05	0.02
福建	0.51	0.18	0.09
江西	0.33	0.33	0.33
山东	0.37	0.35	0.12
河南	0.38	0.25	0.25
湖北	1.00	1.00	1.00
湖南	0.33	0.33	0.33
广东	0.20	0.09	0.04
四川	1.00	1.00	1.00
云南	0.50	0.50	0.50
宁夏	1.00	1.00	1.00

注:2015年北京、辽宁、吉林、湖南、云南、宁夏开始出现淘宝村。

数据来源:根据2015年淘宝村数据计算得到。

附表 4　2016 年中国各省(自治区、直辖市)农村电子商务产业集聚水平

省(自治区、直辖市)	市(地区)级	区(县)级	镇级
北京	1.00	1.00	1.00
天津	0.44	0.44	0.28
河北	0.24	0.07	0.04
辽宁	1.00	1.00	0.63
吉林	1.00	1.00	1.00
江苏	0.18	0.09	0.03
浙江	0.15	0.05	0.01
安徽	1.00	1.00	1.00
福建	0.49	0.15	0.06
江西	0.25	0.25	0.25
山东	0.37	0.25	0.09
河南	0.30	0.17	0.12
湖北	1.00	1.00	1.00
湖南	1.00	1.00	1.00
广东	0.23	0.10	0.03
四川	1.00	1.00	1.00
云南	1.00	1.00	1.00
宁夏	1.00	1.00	1.00

注:2016 年安徽省开始出现淘宝村。

数据来源:根据 2016 年淘宝村数据计算得到。

附表5　2017年中国各省（自治区、直辖市）农村电子商务产业集聚水平

省（自治区、直辖市）	市（地区）级	区（县）级	镇级
北京	1.00	1.00	1.00
天津	0.43	0.43	0.23
河北	0.21	0.05	0.02
山西	0.50	0.50	0.50
辽宁	0.39	0.39	0.27
吉林	0.56	0.33	0.33
江苏	0.19	0.10	0.03
浙江	0.16	0.05	0.01
安徽	0.33	0.22	0.22
福建	0.48	0.11	0.03
江西	0.22	0.19	0.13
山东	0.50	0.12	0.03
河南	0.16	0.09	0.06
湖北	0.38	0.25	0.25
湖南	0.33	0.33	0.33
广东	0.16	—	0.02
广西	1.00	1.00	1.00
重庆	1.00	1.00	1.00
四川	1.00	0.63	0.63
贵州	1.00	1.00	1.00
云南	1.00	1.00	1.00
陕西	1.00	1.00	1.00
宁夏	1.00	1.00	1.00
新疆	1.00	1.00	1.00

注：2017年广西、重庆、贵州、陕西、新疆开始出现淘宝村。

数据来源：根据2017年淘宝村数据计算得到。

附表 6　2018 年中国各省(自治区、直辖市)农村电子商务产业集聚水平

省(自治区、直辖市)	市(地区)级	县(区)级	镇级
北京	0.50	0.50	0.17
天津	0.40	0.40	0.21
河北	0.20	0.05	0.02
山西	0.50	0.50	0.50
辽宁	0.38	0.36	0.21
吉林	1.00	0.25	0.25
江苏	0.19	0.09	0.02
浙江	0.16	0.05	0.01
安徽	0.34	0.22	0.16
福建	0.41	0.09	0.03
江西	0.18	0.11	0.08
山东	0.55	0.12	0.02
河南	0.18	0.08	0.06
湖北	0.32	0.22	0.12
湖南	0.38	0.38	0.38
广东	0.14	—	0.01
广西	1.00	1.00	1.00
重庆	1.00	1.00	0.56
四川	1.00	0.52	0.36
贵州	1.00	1.00	1.00
云南	1.00	1.00	1.00
陕西	1.00	1.00	1.00
宁夏	1.00	1.00	1.00
新疆	1.00	1.00	1.00

注:2018 年较 2017 年无新增省(自治区、直辖市)出现淘宝村。

数据来源:根据 2018 年淘宝村数据计算得到。

附表 7　2019 年中国各省(自治区、直辖市)农村电子商务产业集聚水平

省(自治区、直辖市)	市(地区)级	县(区)级	镇级
北京	0.50	0.50	0.17
天津	0.38	0.38	0.17
河北	0.18	0.04	0.01
山西	0.50	0.50	0.50
辽宁	0.32	0.29	0.19
吉林	1.00	0.25	0.25
黑龙江	1.00	1.00	1.00
江苏	0.19	0.09	0.01
浙江	0.15	0.05	0.01
安徽	0.22	0.14	0.11
福建	0.45	0.10	0.02
江西	0.18	0.07	0.05
山东	0.48	0.10	0.02
河南	0.16	0.08	0.04
湖北	0.44	0.24	0.08
湖南	0.33	0.33	0.33
广东	0.13	0.08	0.01
广西	0.56	0.33	0.33
重庆	1.00	1.00	0.56
四川	0.56	0.28	0.22
贵州	0.50	0.50	0.50
云南	1.00	1.00	1.00
陕西	0.50	0.50	0.50
宁夏	1.00	1.00	1.00
新疆	1.00	1.00	1.00

注:2019 年黑龙江省开始出现淘宝村。

数据来源:根据 2019 年淘宝村数据计算得到。

附录二　淘宝村实地访谈问卷

一、访谈对象:镇政府

1.介绍一下淘宝村整个的发展过程。

2.政府从什么时候开始关注村里有人做淘宝的现象?

3.从开始到现在所采取的所有行动是什么?

4.采取这些行动的原因又分别是什么? 各自又达到了什么样的效果?

5.从开始到现在淘宝村在发展过程中存在什么样的问题? 又分别是怎么解决的?

6.您可以谈谈淘宝村未来的发展方向吗?

7.现阶段限制淘宝村进一步发展的因素有哪些?

8.您认为这些村能够成为淘宝村的原因是什么?

9.全村有多少人? 有多少户人家?

10.外来人口有多少?

11.各个年龄阶段的人数分别是多少?（20 岁以下、20～30 岁、31～40 岁、41～50 岁、50 岁以上）

12.外出务工人员与留守人员人数比例是多少?

13.网商人数是多少?

14.网商各个年龄段人数是多少?（20 岁以下、20～30 岁、31～40 岁、40～50 岁、50 岁以上）

15.各种文化水平的人数大概是多少?（本科及以上、初高中、小学）

经济结构

16. 成为淘宝村之前,村内留守人员与外出务工人员的比例?

17. 成为淘宝村之前,外出务工人员一般都去哪些地方,具体做些什么?

18. 成为淘宝村之前,留守村民的主营业务是什么?

19. 成为淘宝村之前,村内的支柱产业或龙头产业是什么?

20. 什么时候被定为淘宝村的?

21. 现在全村有多少个网店?

22. 从事淘宝和做淘宝相关产业的有多少人?

23. 全村网店销售额的整体情况怎样?

24. 网商和非网商人员按如下收入水平划分各有多少人((5 万元以下、5 万~10 万元(含)、10 万~20 万元(含)、20 万元以上)

25. 按如下销售额水平划分的网店各有多少个?(10 万元以下、10 万~50 万元(含)、50 万~100 万元(含)、100 万元以上)

26. 全村网商主营类目都有哪些?

27. 网商们都有哪些经营模式?(一件代发、货源＋网销、批发＋网销、生产＋网销、生产＋批发＋网销)

资源禀赋

28. 当地和周边有没有特色资源或者产业?(长久积累下来的技术或者产业)

29. 交通和网络通信发达程度如何?(离省会、市中心的距离,有没有直达火车,网络覆盖率,互联网产品的使用情况)

成为淘宝村之前的信息扩散情况

30. 开始做淘宝村之前村民如何接受外界信息?(外出务工人员、地区与地区之间的熟人、外来商户、政府)

31. 开始做淘宝之前村落内部的消息一般是怎样传播的?〔例如,片区

式的传播（受地理因素影响）、人群交叉传播（片区之间熟识的人之间的交叉传播）、村民到场观察了解释〕

32.政府政策、消息一般采取什么样的方式传给村民？村民的接受效果如何？

33.之前有没有像现在一样很多人聚集到一起做相同事情的现象？

二、访谈对象：针对不同批次的创业者

1.年龄、文化程度？

2.做淘宝之前在做什么？

3.从什么时候开始做淘宝的？

4.现在有几个网店？

5.从开始到现在投入程度如何？（时间、金钱、人力）

6.现在主营什么类目？经营模式是怎样的？

7.从开始到现在营业额和收入状况是怎样的？

8.刚开始进入网商行列的原因是什么？（自身因素和外界因素）被哪些外界因素影响？又是什么样的心态？（试一试、长足发展）

9.做现在这个类目的原因？

10.刚开始的时候其他村民对待做淘宝是什么看法？

11.刚开始的时候村委会的关注程度是怎样的，采取了什么行动？

12.可以讲讲您的网店从开始到现在经历了什么样的过程？

13.直接和间接地影响了哪些人？

14.影响他人的原因是什么？通过什么样的方式（简单沟通、带教、提供技术、货源）去影响他们？通过这种方式影响他们之后，效果怎么样？

15.经营过程中碰到的主要问题是什么？又是如何解决的？还有哪些尚未解决的或不能解决的问题？

16.您认为你们村能够成为淘宝村的原因是什么？

三、访谈对象：在本地创业的外地创业者

1.年龄、文化程度？

2.做淘宝之前在做什么？

3.从什么时候开始做淘宝的？

4.现在有几个网店？

5.从开始到现在投入程度如何？（时间、金钱、人力）

6.现在主营什么类目？经营模式是怎样的？

7.从开始到现在营业额和收入状况是怎样的？

8.为什么开始做淘宝？（自身因素和外部因素）为什么选择此地？又是什么样的心态？（试一试、长足发展）

9.做现在这个类目的原因？

10.刚开始的时候其他村民对待做淘宝是什么看法？

11.刚开始的时候村委会的关注程度是怎样的，采取了什么行动？

12.可以讲讲您的网店从开始到现在经历了什么样的过程？

13.直接和间接地影响了哪些人？

14.影响他人的原因是什么？通过什么样的方式（简单沟通、带教、提供技术、货源）去影响他们？通过这种方式影响他们之后，效果怎么样？

15.经营过程中碰到的主要问题是什么？又是如何解决的？还有哪些尚未解决的或不能解决的问题？

16.您认为你们村能够成为淘宝村的原因是什么？

附录三　淘宝村村民调查问卷

尊敬的淘宝村居民：

您好！这是杭州电子科技大学经济学院开展的关于农村电子商务产业集群与区域经济协同发展的调查问卷,本问卷不涉及姓名、联系方式等个人信息,也不会用作其他用途,请放心填写,谢谢您的配合和支持。

杭州电子科技大学淘宝村调研团队

1. 电商平台上销售的产品地域特色突出

　　A. 非常不同意　　　　B. 不同意　　　　　C. 有点不同意

　　D. 有点同意　　　　　E. 同意　　　　　　F. 非常同意

2. 电商平台上销售的产品能够很好地进行储存

　　A. 非常不同意　　　　B. 不同意　　　　　C. 有点不同意

　　D. 有点同意　　　　　E. 同意　　　　　　F. 非常同意

3. 互联网基础设施能够满足我们电商的发展需求

　　A. 非常不同意　　　　B. 不同意　　　　　C. 有点不同意

　　D. 有点同意　　　　　E. 同意　　　　　　F. 非常同意

4. 当前物流快递对电商平台的发展具有很好的促进作用

　　A. 非常不同意　　　　B. 不同意　　　　　C. 有点不同意

　　D. 有点同意　　　　　E. 同意　　　　　　F. 非常同意

5. 我们村涌入大批的返乡青年,让我有了方向

　　A. 非常不同意　　　　B. 不同意　　　　　C. 有点不同意

D. 有点同意   E. 同意   F. 非常同意

6. 我们村的领头企业,起到了带头作用

A. 非常不同意   B. 不同意   C. 有点不同意

D. 有点同意   E. 同意   F. 非常同意

7. 政府在电商平台发展中起到了重要作用

A. 非常不同意   B. 不同意   C. 有点不同意

D. 有点同意   E. 同意   F. 非常同意

8. 淘宝创业虽然辛苦,但是能够承受

A. 非常不同意   B. 不同意   C. 有点不同意

D. 有点同意   E. 同意   F. 非常同意

9. 当地的特色产品通过电子商务销售将会有很大市场

A. 非常不同意   B. 不同意   C. 有点不同意

D. 有点同意   E. 同意   F. 非常同意

10. 村里不存在严重的竞争关系

A. 非常不同意   B. 不同意   C. 有点不同意

D. 有点同意   E. 同意   F. 非常同意

11. 通过网上学习交流,我更有动力去发展电子商务

A. 非常不同意   B. 不同意   C. 有点不同意

D. 有点同意   E. 同意   F. 非常同意

12. 村民之间交流越多,让我对淘宝运营越了解

A. 非常不同意   B. 不同意   C. 有点不同意

D. 有点同意   E. 同意   F. 非常同意

13. 我们的电子商务发展具有创新性

A. 非常不同意   B. 不同意   C. 有点不同意

D. 有点同意　　　　　　E. 同意　　　　　　F. 非常同意

14. 当地完整的产业链能使商品在价格方面更有竞争力

　　A. 非常不同意　　　　B. 不同意　　　　　C. 有点不同意

　　D. 有点同意　　　　　E. 同意　　　　　　F. 非常同意

15. 周边生产基地或批发市场等资源使我们有了现成的货源

　　A. 非常不同意　　　　B. 不同意　　　　　C. 有点不同意

　　D. 有点同意　　　　　E. 同意　　　　　　F. 非常同意

16. 我们村的行业帮扶组织帮助我们更快地解决问题

　　A. 非常不同意　　　　B. 不同意　　　　　C. 有点不同意

　　D. 有点同意　　　　　E. 同意　　　　　　F. 非常同意

17. 电子商务的发展促进了城镇化的进程

　　A. 非常不同意　　　　B. 不同意　　　　　C. 有点不同意

　　D. 有点同意　　　　　E. 同意　　　　　　F. 非常同意

18. 淘宝创业让我获得了更高的收入

　　A. 非常不同意　　　　B. 不同意　　　　　C. 有点不同意

　　D. 有点同意　　　　　E. 同意　　　　　　F. 非常同意

19. 村民之间开展电子商务使得邻里之间更加和谐

　　A. 非常不同意　　　　B. 不同意　　　　　C. 有点不同意

　　D. 有点同意　　　　　E. 同意　　　　　　F. 非常同意

20. 通过农村电子商务发展,生态环境得到了改善

　　A. 非常不同意　　　　B. 不同意　　　　　C. 有点不同意

　　D. 有点同意　　　　　E. 同意　　　　　　F. 非常同意

后　记

　　本人于 2008 年 12 月博士毕业入职杭州电子科技大学经济学院,因教学工作安排,开始从事电子商务理论教学工作。由于硕博期间一直从事的是农业经济理论与政策研究,因此电子商务教学对于我来说也是一个全新的领域。自 2009 年申请的第一个校级科研项目启动开始,我就结合学校信息化特色优势和自己的教学研究背景,把"农村电子商务"作为自己的主要研究方向。彼时,国内研究该领域的成果尚不多,我也没有很大的把握确定自己在这个领域会坚持多久,在研究方法上也主要是沿用当时在硕博期间学习的田野调查和案例研究,通过实地考察来发现值得研究的学术问题。但是随着时间的推移,尤其是随着电子商务在农村的蓬勃发展,我深刻感知到电子商务对中国农业农村的影响很可能导致一场新的变革。此时,在学术界不仅仅有大量农业经济学领域的学者开始关注和研究中国农村电子商务,而且有更多领域的学者也开始关注这一研究领域,比如地理学、管理学、社会学等领域也不乏学者对中国农村电子商务发展进行大量的研究,同时,在许多农村地区,我们看到了更多电子商务引领的大量的变革与创新模式。

　　2015 年,我获得了国家社会科学基金青年项目资助,本书是我主持的国家社会科学基金青年项目"涉农电子商务与农村区域经济协同发展机制及路径选择研究"(项目批准号:15CJY061)的系列研究成果之一。在书稿出版之际，衷心感谢所有在项目研究过程和成果出版过程中给予我支持和鼓励的人。

在本课题进行实地调研的过程中，得到了很多人的帮助和鼓励。首先，感谢江苏省委办公厅法规处副主任杨云、浙江省经贸职业技术学院张西华副教授在我们去江苏省沭阳县和浙江省丽水市实地调研时给予的帮助。2017年两位老同学刚好都在当地有关部门挂职锻炼，对我们的研究课题都给予了充分的支持，并一直关注课题的研究进展。其次，感谢浙江省杭州市临安区白牛村、丽水市缙云县北山村、江苏省沭阳县新河镇周圈村、安徽省泾县丁家桥镇李园村、山西省临猗县后土营村有关领导、电子商务协会负责人以及当地农民网商和村民接受我们课题组的访谈和调查，感谢你们的协助以及带给我们的启发。在实地调查和问卷数据分析过程中，研究生初伟、蒋雨清、蒋璐闻、王欢、毛丹灵、鹿雨慧等同学都给予了积极参与与热情协助，在此特别感谢你们的付出。

在本课题理论研究和书稿撰写的过程中，浙江大学CARD中国农村电商研究中心主任郭红东教授、杭州电子科技大学经济学院院长李晓钟教授以及国家社科基金匿名评审专家们均提出了宝贵的专业修改意见，在此表示感谢！同时在本书研究过程中，参考和学习了大量同行专家学者的学术研究成果，在此一并感谢。当然，限于个人研究能力与精力，本书难免会有不足的地方，文责自负的同时也欢迎大家批评指正。

在本书出版的过程中，得到了浙江大学出版社朱玲、石国华两位老师的帮助，在此一并致谢，感谢你们的耐心和专业。

本书成稿之时，2020年初突如其来的新冠肺炎疫情在我国已逐步得到控制。近些年，随着我国农村电子商务的飞速发展，以及各级政府部门对农村电子商务发展的持续关注和支持，部分区域农村电子商务产业链条已较为畅通,生态系统也较为完善,因此在突发极端情况下,在一些区域不仅有大量生鲜电商的稳定供给来保证全国城乡居民的线上食品需求,同时也快速带动了电子商务向农业生产端渗透和融合。可以预见,中国农村电子商务产业在外部市场需求拉动、技术创新推动、各级政策支持的环境作用下,产业链条将会更充分地延伸,该产业的兴旺也将为推进乡村振兴战略提供新的抓手。我也将在此基础上,持续跟踪关注这个研究领域,为其贡献自己一份微薄的力量。

梅燕

2020 年 3 月 20 日于杭州钱塘江畔